はじめに

おそらく私はラクに生きています。

いや、実をいうと、自分がラクに生きているという実感はあまりありません。毎日が楽しくて仕方がないわけではありませんし、悲しいこと、情けないこと、うまくいかないことはたくさんあります。私自身、失敗ばかりしていますし、家族も友人も同僚も、私が願っている通りには行動してくれません。残念に思うことは数限りなくあります。が、他人と比較すると、どうやらかなりラクに生きているようです。

思うに、この三〇年ほど、思い悩んだという記憶がありません。くよくよしたこともありません。人間関係に悩んだこともありません。もちろん、「イヤな奴」はたくさんいますし、不愉快なことはたくさんありますが、それが長く続くことはありません。ストレスに悩んだこともありません。困ったこと、不愉快なことに対して、過去に戻って、「あんなことをしなければよかった」などとは考えません。それにそもそも、「世の中、そんなもんだ」と思っているので、特に腹も立ちません。

しなやかに、気楽に、飄々《ひょうひょう》と。特にモットーとしているわけではないのですが、いつの間にか私はそのような生き方を身につけたようです。

どうしたら、そんな生き方ができるのか。——そのようによく聞かれます。私自身に思い当たることは、勝手気ままに生きてきたことくらいです。時に、自分の生き方にしっぺ返しを受けることはありますが、イヤなことをするよりはよいと考えて、ともあれ、うまくいっているようです。

好き勝手に生きよう

私が大学生時代に出合って、その後の私の生きる指針になった言葉があります。

私は一九七〇年に早稲田大学第一文学部に入学しました。学園紛争は最盛期を過ぎていましたが、大学ではしばしば、「スト」や「ロックアウト」が行われ、授業がつぶれました。「教授との団交」がなされたり、あちこちに紛争の落書きがあり、ヘルメット姿の学生が学内を闊歩《かっぽ》し、「内ゲバ」の犠牲になって暴力を受けている学生を見かけることがある時代でした。

そんな大学内のある部室で見たのが、「すべての道がローマに通じるのなら、ドン・キホーテよ、でたらめに行け」という言葉でした。私はこの言葉に強く感動しました。この言葉が誰の言葉なのかを知ったのは、それから四〇年近く経ってインターネットで調べられるようになってからでした。これは新居格《にいいたる》という大正時代はアナキストで、のちに評論などを残した文筆家の言葉だということでした。

ドン・キホーテというのは、もちろんセルバンテス原作の小説の主人公です。昔の騎士道の本に夢中になり、精神に異常をきたして、従者サンチョ・パンサとともに騎士のつもりになって、囚われの姫を救出しに出かけます。そして、羊の大群を敵軍と勘違いして突撃したり、風車を巨人と考えて攻撃したりします。そうして、最後、正気に戻って死に至ります。

この言葉の意味を、私はこのように考えました。「すべての道がローマに通じるように、人間、どちらにしても死ぬ。だったら、ドン・キホーテのように、周囲からどう見られようと、みんなに狂っていると思われようと、好き勝手に生きようではないか」。つまりこの言葉は、「どちらにしても死ぬのだから、自分の理想の通りに生きようではないか」というメッセージに思えるのです。

若いころは少々粋がってこの言葉を考えていましたが、老年になった今では、もっと気楽に考えています。「どうせ、近いうちに死ぬのだから、好きに生きようよ。周囲に愚かと思われたってよいではないか」というふうにです。

自己規制は設けない

したいことを我慢しても仕方がありません。近いうちにできなくなるのですから、今のうちにしておきましょう。もちろん、何もかもできるわけではありません。経済的、能力的に限界があります。難しそうだったら、さっさとあきらめます。身の程に応じて欲望を選ぶことにします。無理は禁物です。

外からの強制には従いたくありません。罰せられるのなら従わざるを得ませんが、そうでなければ、なるべく自分を通します。自分を通すと他人に迷惑をかけるようでしたら、そのときに考えます。が、まずはなるべく自分を通すことを優先します。支障があったら、どうやればうまくやれるかを模索してみます。

「かくあるべし」という規範もなるべく設けたくありません。道徳に縛られたくもありません。一般的に「けしからん」と思われていることでも、周囲に大きな迷惑をかけない程度にやってみたいと思っています。「してはならない」ことにとらわれて、したいことを我慢しながら人生を過ごしていたら、あまりにもったいないと思うのです。

日本人を最も苦しめているのは、「かくあるべし」「そうしないと、周囲の人に申し訳ない」「みんなの手前、そういうことをするわけにはいかない」という意識だと思います。そういう意識が自由な行動を妨げ、自由に行動できなくなることにつながります。私はそのような意識をできるだけ避けたいと思っています。そもそものような場に行かないように気をつけます。

人に多くを期待しない

とは言え、がんばりすぎません。何事もがんばることは卒業したいと思っています。とりあえず自分の欲望、自分の美学、自分の信念を通そうとしますが、無理はしません。無理をすると、がんばらなければならなくなって疲れます。疲れることはしたくありません。無理をして目標を達成しようとすると、それをしないとき以上に負担がかかり、がんばりを自分に強《し》いることになってしまいます。

他人に対しても怒りません。自分も勝手に生きているのです。ほかの人が勝手なことをしてもお互い様です。人間なんてそんなものです。多くを期待しません。自分もその人と同じ立場だったら同じようなことをしているかもしれません。いえ、それどころか過去を振り返れば、もっとひどいこともしたはずです。そんなことを棚に上げて他人に対して怒りを向けても無意味です。

では、そんな私はどのようなことを考えて日常生活を送っているか、日々の出来事にどう対処しているか、私はどんな考えを、あれこれについて持っているかを紹介しましょう。

いえ、たいしたことではないのです。大それたことは考えていません。ほとんどのことが、多くの人と同じようなことです。ただほんのちょっとした心持ちは異なるかもしれません。それについてお話しします。

目次

第2章 今を楽しむ心得

第3章 こだわらない、とらわれない心得

第4章 ラクに生きる心得

第5章 老後の不安を消す心得

ブックデザイン◉松永大輔

第1章

無理をしない心得

それなりに楽しく会話をするコツ

挨拶を気持ちよくする人がいます。それはそれでもちろん素晴らしいことだと思います。挨拶は大事です。挨拶をするということは、自分は相手に悪意を持っていないというしるしだからです。少なくとも、顔見知りには挨拶をするほうがよいだろうと思います。しかし、私は感じよく挨拶しようとはあまり思いません。

なぜ私が感じよく挨拶することに抵抗を感じるか、理由は簡単です。感じよく挨拶すると、その後も感じよく接する必要が出てくるからです。そうなると、ずっと感じのよさを続けなければなりません。それは辛いことです。

相手に感じよく接しようとしていると、必ず、行き詰まってきます。もちろん相手にもよりますが、みんながみんな他人の気持ちを考えてくれるとは限りません。いいえ、厄介なのは気をつかってはくれているものの、その気のつかい方が的外れで自己本位な場合です。相手が善意であればあるほど、それに対して断ったり、反対したりするのがためらわれます。

そうならないためには、**初めから感じのよい人だと思われないことです。最初に感じよく挨拶しないことです。**

「あいつはあまり感じのいい奴ではないな。言うことをなんでも聞くような奴ではないな」と思ってもらうほうが、お互いにラクでしょう。

挨拶を交わし、少し話をするような場合も、あまり深入りしないことがコツだと思っています。もちろん、友だちとして深く付き合うつもりがあればそれでもよいのですが、そうでなければ負担を減らすほうがよいと思うのです。

でも、**その場はそれなりに楽しく、そしてそれなりに心の交流をしたいものです。私はそのときのために、自分の「話題提供ネタ」をつくるようにしています。**

例えば、私は大の猫嫌いです。子どものころのトラウマで、今でも猫を見ると恐怖でぞっとします。足元を猫が横切ったりしようものなら、声にならない悲鳴を上げます。

また、私は酸《す》っぱいものが苦手です。フグにもしゃぶしゃぶにも餃子にも酢はつけません。私は温厚な人間ですが、唐揚げなどを何人かで頼んだとき、誰かが気をきかせてレモンをかけようものなら、大声で怒りを口にします。

そのようなことを含めて、私のセールスポイントにします。私のセールスポイントだけでなく、ほかの人のセールスポイントも聞き出し、それを話題にします。挨拶代わりです。

同じ猫嫌いの人には、「このごろ、猫のテレビ番組が多くてイヤですねえ」と話を向けます。もちろん、野球好き、アンチ巨人、サッカー好き、猫好き、犬好き、おしゃれ好き、オリンピック好き、アイドル好きなどなど、人の好みはさまざまです。自分のキャッチフレーズを意識的に明確にし、ほかの人のキャッチフレーズも意識的に広めます。

ただ**気をつけたいのは、そのキャッチフレーズは害のないものであること**です。肉体的な特徴でしたら、それに本人は傷ついているかもしれません。脚が長い、目が大きくてきれいなど、一般的には褒《ほ》めるべきことであっても、時には本人はそれにコンプレックスを抱いていたりします。また、アイドル好きだということも、一部の人以外には隠しておきたいと思っているかもしれません。そのようなことを配慮する必要があります。

いずれにせよ、キャッチフレーズを挨拶代わりに言葉を交わしてコミュニケーションをすれば、心地よく日常が送れることでしょう。

心得 1

対人関係において、感じのよさを出し続けることは辛いもの。初めから感じのよい人と思われないほうが、そのあとの付き合いがラクになります。

話上手である必要はない

二〇〇四年に出版した『頭がいい人、悪い人の話し方』（ＰＨＰ新書）という本が二五〇万部を超すベストセラーになったため、私は一時期、「話の上手な人」ということで雑誌や新聞の取材に追い回されました。テレビやラジオの出演依頼も多く、そこでも話の上手な人という扱いを受けました。

しかも、そのときの話上手というのは、はきはきとしっかりした声で話すという意味を含んでいました。これには参りました。

実は私はかなりの話下手です。『頭がいい人、悪い人の話し方』を読んでいただければわかると思いますが、そこには私が話上手だなどと、ひと言も書いていません。しかも、これは話の内容が知的であるかどうかについて書いたものです。むしろ、**私**

が話下手であるからこそ、多くの人の話し方を観察して、それをおもしろおかしく書いた本でした。

ですから、雑誌のインタビューなどでも、最初に必ず、「実は話下手なんです」と予防線を張っておいてから話に入ったものです。講演をすることも多かったのですが、そのときも、「もうおわかりかもしれませんが、私は話下手です。こんなふうにボソボソとしゃべります」という前置きから始めました。

私はそもそも人前で何かをするのが苦手です。すでに長い間、予備校や大学で授業をしていますので、人前に立って話をすることには慣れましたが、それでもまだ生徒の前に立つときには、自分に気合を入れなければなりません。三〇代のころまでは、授業でさえも気後《きおく》れしてどうしようもありませんでした。

そもそも文章を書くことを仕事にしているのも、話すのが苦手だからで、文章にして、言えない気持ちを紛らわせていたのです。

しかし、最近、かなり話がうまくなりました。話で笑わせることもできるようになりました。

年齢を重ねて神経が図太くなって話ができるようになったという面もあるでしょう。しかし、**話が多少上手になった理由として、一つ会得したと思っているのは、話上手である必要はないということです。**

会社で一番の売り上げを誇る営業マンが、口下手な人だったという話はよく聞きます。上手に話す必要はありません。相手が一人だけのときは、その人の話をよく聞き、その状況を理解し、その人の気持ちや背景をわかったうえで、必要なときに少しだけ自分の考えを言えばよいのです。ほとんど聞き役に徹してかまいません。相槌《あいづち》を打ってうなずいているだけで十分です。

聞いてくれる人が大勢いる場合も同じです。立て板に水で話をする必要はありません。知的に流暢に話すことは魅力的ですが、**朴訥《ぼくとつ》とした表現であっても、また噛んだり、言い間違えたりしながらも、じっくりとわかりやすく説得力ある内容を語るのも、一つの話上手**なのです。

それにほとんどの場合、一回で人間性を判断されるわけではありません。一回きりでなく、何度も話す機会があります。何度も話すうちにだんだんと理解してもらえればよいのです。

そう考えるようになってから気楽になりました。今では、堂々と「ある種の話し方の名手」と言えるのではないかと思っています。

心得 2

上手に話す必要はありません。何度も話すうちに理解してもらえればいいと思えば、気楽に話せるようになります。

気の合う人とだけ、親しく付き合いたい

私には長年にわたって親しくしている同級生が何人かいます。同じ先生に習い、同じ友人を大勢持ち、同じような生活をし、互いの失敗や失恋やみじめな敗北を知っていて、「おれ・おまえ」で話してきましたので、とても楽しい時間を過ごすことができます。今でも時々会って、一緒に食事をしたり飲んだりしています。

お互いに昔の悪行を知っているので、偉そうなことは言えません。本音で話ができます。社会的地位や経済力に差ができていることもありますが、数人で話をしていると、そんなことは忘れてしまいます。昔の顔に戻って話します。

ただ私は、同級生の数人と会って話すのは好きなのですが、クラス会のようなものは実は苦手です。いいえ、たまに出るのはよいのですが、毎回出席しようという気には

なりません。

　私は同級生の中の何人かの気の合う人と親しく付き合いたいと思っていますが、同級生というだけで仲間意識を持てないのです。**クラス会という類《たぐい》のものは、同級生というだけでひとまとまりにして、仲間意識を持つように強制されている気がします。**友人を選べないのですね。だから、自由ではありません。

　同級生の中には仲の悪かった人間もいます。口をきいたことのない人間もいます。気まずい関係になった人間もいます。いえ、それどころか男女関係やら、金銭関係やらで、きわどいことになった人間が混じっていることもあります。長い時間が経っているとはいえ、まだその関係を引きずっていることがあって、あれやこれやで居心地が悪くなります。

　それに、クラス会はある意味で、成功者の集まりという雰囲気があります。

　私は大分県の進学校を卒業して東京の大学に進みました。東京在住者の高校時代のクラス会が毎年行われているようですが、幹事を買って出ているのは東大を出て超一流企業を定年退職した人物。もちろんとても素晴らしい男で、私も個人的には大好きなのですが、彼が幹事をして、その仲間たちがそれを手伝うと、集まるのがエリートばかりになるのです。

私は今でこそ、「成功者」とみなされているかもしれませんが、四〇代のころまで、あまりにみじめでこのような会に出たいとは思いませんでした。同じような思いを持っているために、出席を渋っている人も多いのではないかと思います。

もちろん学校に通っていたころには一度も話したことがなかったのに、クラス会に出て話してみたらとてもいい奴だったので、親友になったという人もいるでしょう。クラス会でよい異性の友を得る人もいるかもしれません。

もしクラス会をするのなら、かつて出来が悪かったけれども多くの人に好かれていたような人物が幹事をして、みんなでまとまって何かをするのではなく、久しぶりに会った人の中から、話したい人を見つけて話をし、旧交をあたため、それ以外の人には気づかわなくてもすむような場にしてほしいものです。

が、それでも私は数年に一回、気が向いたらクラス会に出るかもしれませんし、今年はほかの用事が重ならなければ、顔を出してみようかと思います。ただ、幹事をやってくれている友人に申し訳ないと思いつつ、そのような会には縛られたくないのです。

同級生という宿命にあったということだけで友人とみなしたくない。私は友人くらいは自分で選びたい。ただ同級生の中には対等の関係を結んで気の合う友人が大勢いる可能性が高い。それだけのことなのです。

心得3

仲間意識を持つように強制される場は、居心地が悪い。
同級生はみな友人というわけではありません。
友人くらいは、自由に選びたいものです。

水臭くても近所付き合いは、距離を保つ

私は昭和三〇年代に九州の地方都市で育ちました。大分県の中津市に住んでいたころは、地域にあった井戸を中心に、まさしく井戸端会議が行われ、誰かが困っていたら助け、しょうゆやお米を融通し合い、スイカをもらった人がいたら、井戸で冷やしてみんなで分け、夜になると近所の人と将棋を指したり、おしゃべりをするという濃密な近所付き合いをしていました。

時々、そのような近所付き合いに郷愁を抱きます。

とは言え、私はその息苦しさもよく知っています。プライバシーなどありません。よそ様の夫婦げんかも、酒癖の悪さ、女癖の悪さ、家族構成なども筒抜けです。どこかで何かをしていると、誰かに見られていて、近所の人たちの知るところになってい

ます。みんなに愛されている子どももいますし、みんなから鼻つまみにされている若者もいます。

今の時代にかつてのような近所付き合いを取り戻すことはできないでしょう。とりわけ都市部は、人の移動が激しく、仕事も生活形態も多様ですので、近所の人と話をしても話が合わないことが多いでしょう。あまりに共通点が少ない人たちと将棋を指したところで、楽しいと思えるはずがありません。

ですから、**地域の人全員と付き合うのは難しいことです。したがって私は、みんなと仲よくすることはあきらめています。**何かのイベントや集会が開かれたときや、近所のトラブルなどで知り合った一人か二人と、もし気が合ったら一緒に行動します。時々、行き来します。本の貸し借り、テレビ録画をしたものの貸し借りなどをします。時には一緒に飲みに行くこともあるかもしれません。それが家族にも広がるかもしれません。

ただ注意したいのは、ご近所の人と付き合う場合、必然的に家の中に入れることになることです。そうなると、家の中のことを知られてプライバシーが保てなくなってしまいます。あるいは、もう帰ってほしい時間なのに帰ってくれないということも起こるかもしれません。一時的には友好的であった関係も、ぎくしゃくすることがありえます。

かつてのような濃密な地域社会で生きているのであれば、それも宿命とあきらめて、その中で生きていけるのですが、今の時代ではそうはいきません。どうしても大きなストレスを抱えることになります。場合によっては、それがこじれてご近所トラブルになってしまいかねません。

したがって私は、**なるべく自分の家の状況は人には知られないようにしています。そうしてこそ、距離を保って生きていくことができるからです。**

近所のお宅にお邪魔するときにも、その家庭の事情にあまり深入りしないようにしています。相手があけっぴろげな人で、プライバシーをさらすのに無防備である場合には、とりわけ過剰なほど、深入りを避けることにしています。そうすることで、相手に私がプライバシーに踏み込むのをためらっていることを知らせます。

中にはプライバシーに踏み込み、裸の付き合いをするのが友情であると考えている人がいて、私のそのような態度を「水臭い」と思うようですが、私は自分の生き方を変えるつもりはないことを伝えています。
お互いに立ち入らない領域があってこそ、親しく付き合えるというのが、私の考え方です。

心得 ❹

自分の家の状況は、人に知られないようにしています。
たとえ水臭いと思われても、近所付き合いは
深入りをしません。それが今の時代を生きるコツ。

絶対に守れる約束しかしない

私は、なるべく、「しなければならない」ということを減らそうと思っているのですが、一つだけ、「できるだけしなければならない」と思っていることがあります。それは「約束」です。

ずいぶん昔の話ですが、当時親しくしていた今は亡き友人に、「お前、そんなにいい加減な人間なのに、約束だけはちゃんと守るんだな！」と褒められた（？）記憶があります。

その当時は不精《ぶしょう》な生活をし、あちこちの人と衝突し、異性関係もうまくいかず、お金も仕事もろくになかったのですが、確かに、約束だけは守っていました。

でも、自分に対する約束はしばしば破ります。「これからは、血圧によくないものを食べるのはよそう」「これからは、絶対に毎日、せめて散歩をすることにしよう」「英語の勉強を始めよう」などと自分に約束しますが、守れたためしがありません。三日坊主どころか、決心しただけで一度も実行しないまま、あきらめてしまうこともあります。

我ながら情けないと思うのですが、**自分に対する約束は誰にも迷惑をかけませんので、それほど厳しく考える必要はない**と思っています。

それに対して、誰かとする約束は、他人を巻き込んでしまいますので、できる限り守ります。守らないと、迷惑をかけるし、信頼を失ってしまいます。

ただ、私が心がけているのは、**むやみに約束はしないということです。絶対に守れる約束しかしない、逃げ道を用意できないような約束は、そもそもしない**ということです。

中には、その場の成り行きで気軽に約束する人がいます。リップサービスでつい約束することがあります。相手の圧力に負けて、約束させられてしまうこともあります。

ついでにお話しますと、私の父がその典型的なタイプの人間でした。気前のよいところを見せたくて、調子に乗って「金がなくなったらいつでもおいで。力になるから」「歓待するので、自分の家だと思って、いつまでも泊まっていってくれ」などと安請《やすう》け合いをしばしばしました。

その結果、あとでしっぺ返しを食らってどうにもならなくなるのですが、それでもまた同じことを続けました。「自分の家だと思って、いつまでもいてくれ」という言葉を真《ま》に受けて二週間ほど滞在した人がいましたが、実際にその対応をする母は、悲鳴を上げながらも耐え続け、結局、体を壊してしまうほどでした。

私にも父と同じような傾向があるのを十分に自覚しているので、**安請け合いはしないことを自分に言い聞かせています。もしかすると、そのために感じの悪い人間だと思われているかもしれませんが、それは仕方がありません。**

原稿の執筆も、確実に書ける場合でないと引き受けません。引き受けたからには締め切り前にできる限り書き上げます。

ただ、実は六八歳になって、このことも少し改めてもよいのではないかと感じることがあります。これまでは、他人との約束はできるだけ守ろうとしてきたのですが、時々、それが億劫《おっくう》になってきています。若いときのつもりで引き受けてはみたものの、いざ実行しようとするとできそうもない、ということが時折起こるようになりました。トシということなんでしょう。

そんなときには、「もうトシだから、ごめん、できなかった」と言って許してもらおうかと思っています。**トシのせいにして逃げることができる、トシだから許されるというのは高齢者の特権**だと思います。

高齢になれば、この特権を使うのも許されると思い始めています。

心得 5

約束を守らないと信頼を失ってしまいます。だから、むやみに約束はしません。逃げ道を用意できない約束はしないようにしています。

できなくて当たり前。ちっぽけな自尊心を捨てる

私はこれまで、習い事が身についた経験は、残念ながらありません。

学校での勉強も習い事の一つとして考えると、それだけはまずまず身につけたのかもしれませんが、子どものころに習わされたヴァイオリンも、少しだけ通わされた習字も、大人になって先生について少し学んだチェロも、大学院のころに、もっと話せるようになりたいと思って通い始めたフランス語会話教室も、モノにならずに終わりました。

いいえ、モノにならずに終わったというレベルではないでしょう。ほとんどの習い事は数回通っただけでやめました。

これまでなぜ私は習い事を身につけることができなかったのか、なぜ身につけてい

る方がたくさんおられるのに、私はできないのか、どこが異なるのかを、考えてみたことがあります。

理由は二つありそうです。

第一の理由は、私が不器用で飲み込みの悪い人間だということです。私は運動神経もよくありません。子どもの遊びも下手でしたし、ヴァイオリンを習わされても、入ったばかりの年下の子どもにどんどん抜かれていきました。

第二の理由、それはちっぽけな自尊心を捨てられないことです。初めは私よりも下手だった人たちが、めげずに努力を続け上達していく様を見てきました。が、私の場合、先生に叱られるとムッとし、人よりできない自分を恥ずかしく思い、自尊心が傷ついて、習い事を続けることができませんでした。

そこで現在私が考えているのは、ちっぽけな自尊心を捨てることです。

これからは**自尊心を強く持ちすぎず、「できなくて当たり前」というつもりでいたい**と思っています。

幸い、年齢が年齢ですから、説得力があります。「爺さんだから、できるようになるわけがない」とみんなに思われているでしょう。ハードルがかなり低くなっているので、それに甘えることにしたいと思うのです。

もう一つ考えていることがあります。それは、**そもそも上達の必要な習い事はできるだけ避けようということ**です。

かなりの年齢になりますので、もともと不器用だった人間が、急に一人前にできるようになるとは思えません。**上達しないといけないようなことをするのはあまりに無謀**です。

実は私には、もう一度チェロを本格的に習いたい、英語の読み書きをもっとできるようにしたいといった希望があるのですが、それはちょっと無理な気がします。これらは基本的な技術がものをいうからです。自分の腕前や語学力もなかなかのものだという錯覚を持つのは難しそうです。

それよりは、俳句をつくったり、絵を描いたり、写真を撮ったりという行為のほうがよさそうです。もちろん、これらにも上手下手があり、それは歴然としているのですが、下手は下手なりに楽しめそうです。できない自分にイライラする必要はなさそうです。

そのようなものを見つけたいと思っています。ただ私は絵も下手なので、俳句や写真などのほうが、なんとかなるのではないかと思っているのですが……。

心得 6

上達しないといけないようなことに挑戦するのは無謀。下手は下手なりに楽しめることをすれば、できない自分にイライラすることもありません。

経験は無意識のうちに身についていく

子どものころから、文章を書くのは嫌いではありませんでした。本が大好きだったので、児童文学全集やルパンもの、ホームズものを好んで読んでいたおかげかもしれません。

とは言え、文章修業らしいことはしたことがありません。ただ、結果的に文章の練習になったと思われることは、今、思い返せば三つあります。

私は小学校五年生のときに大分大学学芸学部附属小学校に編入しましたが、その学校では当時、小学生自身が記事を書くB４版のガリ版刷りの日刊新聞「スピード新聞」が全校生徒に配布されていました。私はすぐに新聞部に入って活動しました。放課後の二時間ほどの間に、学校の出来事などを取材して記事を書きます。

その体験によって、ともあれ起こった出来事を文章にまとめる力をつけたと言えるかもしれません。そして、速く書く力をつけたと言えそうです。よいことか悪いことかわかりませんが、今でも私は、質はともあれ、言葉に迷うこともなく、多くの人が驚くようなスピードで文章を仕上げていきます。そのおかげでかなりの数の本を書いているわけです。

二つ目はラブレターです。私は中学、高校の間、何人もの女の子にラブレターを書きました。自分の思いを言葉にせずにはいられなくて、夜、こっそりと書いていました。いえ、書くだけなのです。実際に投函したのはほんの数回です。書いては消し、消しては書いて、翌日それを読み、あまりのひどさに全面的に書き直します。そうこうするうち、かなり文章力がついたと思います。

ところで、数年前のことですが、機会があって同級生の女性数人と話をしました。そのうちの一人に私は間違いなくラブレターを書いたのですが、それを投函したかどうか、定かではありませんでした。「ぼく、あなたにラブレター出しましたっけ？」と聞いてみるわけにもいかず、それには触れずにすませました。

さらにもう一つは、高校時代の抗議文です。私が通ったのは、今でいうブラック学則にあふれた地方の進学校でした。男子生徒は全員坊主頭が強制されていました。高校でも新聞部に所属していましたが、書いた記事は検閲されました。中でも私の書いた記事は常にボツにされ、しばしば学則違反で教員室に連れて行かれ説教されていました。

二年生のときに、学校改革を訴えて生徒会長に立候補して最下位落選。その後、私が中心になって生徒会に坊主頭の廃止を訴え、すったもんだの末に、やっと髪を伸ばすことが許可されたのでした。

ついでに言いますと、それがきっかけとなって、大分県のすべての高校で坊主頭強制が終わったと思っています。私は、大分県の高校生を坊主頭強制から救った功労者なんです。

そのころ、私は「神は髪をつくりたもうた」とか、「学校が個人の髪を支配するのは横暴だ」などという文章を次々と書いて、勝手にガリ版刷りをして生徒に配布したり、教員の理解を求めたりしていたのです。数人の仲間と議論し、手直しをしたりしていました。それも文章修業になりました。

言いたいことを持ち、それをなんとしても表現したいという気持ちが文章をつくり出します。「思い」をたくさん持つことが、書きたい気持ちにつながるのでしょう。

名文を書こうと思わなくても、言いたいことがあれば、おのずと文章に説得力が出る、というのが私の信念です。

心得 7

本を書くことにつながった文章修業。
それは、小、中、高校生のころの経験があったから。
表現したいという気持ちが文章をつくり出します。

楽しめないことには、参加しなくていい

私は子どものころ、花見という行事が大嫌いでした。小学生のころでしたか、父の勤め先の花見の会に連れて行かれたことがあります。家族同伴での花見が企画されたのでした。が、内気な小学生にとって、二、三〇人の大人たちが桜の下で酔っぱらってあれこれ大声で話している中にいるのは、ほとんど拷問でした。父の同僚の子どももいましたが、打ち解けることなく、ただひたすら終わる時間を待って食べ物をつまんでいたのを覚えています。

そのトラウマがあったせいかもしれませんが、ずっと花見を毛嫌いしていました。そもそも花を愛《め》でることなく、みっともなく酔っぱらって、下手な歌をがなったり、くだらないことをしゃべる習慣を日本の恥だとも思っていました。大分市に住んでい

ところ、花見の名所である墓地公園が近くにあったのですが、桜の時期になり、酔って歌いながら帰る客の声が聞こえると、軽蔑の気持ちを抱いたものです。

ただ、このごろはだんだんと許容できるようになってきました。そうは言っても、**今でもそのような花見には参加しません。アルコールは弱いほうですし、歌も歌えませんので、やはりそれは楽しくないのです。**しかし、飲んで歌って楽しんでいる人を眺めるのは好きになりました。

ついでがあると、方々の花見の会場に足を運びます。関西に仕事で訪れたおりに、大阪や京都の桜の名所に出かけることもしばしばです。これはリオのカーニバルと同じようなものなのでしょう。年に一回、桜という短い生命しか持たない花の下に集まって、その生命の爆発を讃える。桜の花の誕生パーティと葬儀を同時にやっているようなものです。カーニバルのようなバカ騒ぎになるのもわからないでもありません。

ただ、そのように桜の下の宴会を見るたびに、この中にはイヤイヤ参加している人が何人もいるだろう、そのような人は参加しなくてすむようになっていればよいな、とは思うのです。

実は、花見だけでなく、祭りもあまり好きではありませんでした。子どもの私には酒がらみで下品に見えたのかもしれません。しかし、このごろは祭り見物に出かけることもしばしばです。京都の三大祭りには足を運びましたし、数年前は、故郷である大分県日田市の祇園祭にも出かけました。山車《だし》が町内を練り歩いては、いくつかの地点に集まるのは壮観でした。

祭りは土地の持つ生命と人間との出会いの場だと思います。それぞれに歴史的色合いがあって楽しめます。そのうち祭りに参加して、神輿《みこし》を担ぐか、山車を押したりすると、もっと祭りが好きになるのでしょう。その日がいつか来るかもしれません。

心得 8

飲んで歌っている人を眺めるのは好きになったけれど、
桜の下の宴会には参加しません。
それは自分が楽しくないから。

生と死の残酷な在り方を教えてくれた猫

世の中には猫嫌いがいます。私もその一人です。最近、テレビを見ていると、番組やらCMやらニュースなどで、猫がよく話題として取り上げられています。猫ブームだそうです。こんなブームは早く終わってほしいと心から思っています。

もともと猫は好きではありませんでした。私は犬派です。子どものころから家には犬がいました。つい最近も柴犬を飼っていました。さかのぼると、小学校の五、六年生のころに起こった出来事によって、徹底的な猫嫌いになったような気がします。

その当時、大分市に住んでいました。夏休みだったと思います。四歳年上の従姉が遊びに来たので、二人で近くに出かけました。住んでいた家の隣には小さな墓地がありましたが、その墓地の入口に子猫がいるのを従姉は見つけました。生まれて間もない自力では歩けないような猫です。猫好きの従姉はその子猫をあやし、墓地の入口の石段の上に置きました。

それから一時間ほどして戻ってみたら、猫は石段の上にはいませんでした。が、その石段の下に、猫の死骸らしいものがあったのです。頭が砕けていました。見覚えのある毛が地面にはりついていて、まだ乾いていない血が垂れていました。誰かが意図的に殺したのか、あるいは石段から落ちてなんらかの事故に遭ったのかわかりません。自動車の通れないような細い路地だったので、オートバイに轢《ひ》かれたのかもしれません。

小学生の私はその死骸を見て、恐怖でしばらく動けなくなり、そのまま自宅に逃げ込んだのを覚えています。それから、猫恐怖症を続けています。その後、しばらくはそのときの猫の状況を思い出していました。それを忘れてからも、ほとんど条件反射的に、猫を見ると恐怖で立ちすくむようになりました。そして、私の頭の中で猫と墓と死が結びつくようになったのでした。

最近はだいぶ改善されました。トシのせいで感受性が鈍くなったのでしょう。テレビを見ているときに猫が出てきても、恐怖で身がすくむことはなく、落ち着いてチャンネルを変えることができるようになりました。そして、こうして猫が嫌いだということを文章に書けるようになりました。少し前まで、猫という言葉を使うことさえできませんでした。

生き物は命を失います。今思うと、**猫を前にした私の恐怖は、生き物は命を失うのだという厳然たる事実を突きつけられた恐怖だった**のだと思います。そして、猫こそが生と死の残酷な在り方を教えてくれるものだったのでしょう。

いつの日にか、この恐怖を克服したいと思っています。ただ、たとえそうなったとしても、猫を飼うのは勘弁してほしいなというのが本音です。

心得 9

猫を見ると恐怖で身がすくみます。
今、猫嫌いが少し改善されたのは、
トシのせいで感受性が鈍くなったから。

第2章

今を楽しむ心得

愛しているものが多いほど、人は幸せになる

人間の幸せというものは、心の中にある愛情の総量で決まる。私は最近つくづくそう思うのです。

愛情は人間に対するものだけに限りません。ペットに対してであっても、植物に対してであっても、アイドルに対してであっても、芸術作品や工芸品に対してであってもよいと思うのです。**誰かに、何かに、どれほどの総量の愛を注いでいるか。それが幸せだと思います。**

愛されてこそ、幸せだと思う人がいるかもしれません。自分だけ愛しているのであれば、むしろ不幸ではないか。愛し、愛されるという相互関係があるから幸せなのだと言う人もいそうです。

もちろん、愛されることもうれしいことです。愛されるに越したことはありません。愛するだけでなく、愛されることは本当にうれしいことです。お互いに愛し合うのが理想です。

しかし、たとえ愛されなくても、相手を愛することは幸せだと私は思うのです。例えば、ペットの熱帯魚やカメを愛するとします。きっと熱帯魚やカメは愛を返してくれないでしょう。しかし、**愛するだけで十分に心は満たされます。愛するという行為そのものに、心を満たし幸せにする要素があります。**

そもそも、ものは愛し返してくれるはずがありません。芸術作品を愛しても、作品は私を愛してくれません。それでよいのです。

ですから、私はたくさんの愛を持つことを心がけています。もし、相手からも愛されたらラッキー、たとえ愛されなかったとしても、愛するだけで十分に幸せを感じられるのです。

愛することによって対象を大事にすることができます。大事なもので心を満たすことができます。心は大事なものでいっぱいになり、幸せになります。もちろん、それについて考える時間も増えて、楽しい時間を過ごすことができます。

そうして、**自分の心を愛するもので満たしたら、自分自身も幸せになり、自分自身を愛することができるようになる**と思うのです。

私はいろいろなものを愛しています。もちろん、家族や友人、仕事仲間、そして、音楽や映画などの芸術が愛の対象です。本もかなり読みます。これらの作品や芸術家が大好きであり、それらを愛しているのです。

私はしばしばクラシック音楽のコンサートに足を運びますが、作曲家への愛、作品への愛、演奏家への愛で心がいっぱいになって感動します。

映画を観ても、その作品に対してだけではなく、しばしば登場人物やそれを演じている役者さんにも愛情を感じます。

知人たちは、仕事の好きな人、絵画の好きな人、文楽の好きな人、鳥や植物が好きな人、格闘技が好きな人、温泉巡りが好きな人などさまざまいます。**好きなものがある人はみんな、愛情を心の中に持っている**のだと思います。そんな愛情の総量が、その人の幸せを決定していると思うのです。

もちろん、愛情の対象は変わります。私もそのうち別のものがもっと好きになり、今、愛情を抱いているものに飽きてくるかもしれません。それはそれでよいと思います。ともあれ、愛しているものの総量が大事なのです。

心得10

誰かを、何かを愛する行為そのものに、
心を満たし幸せにする要素があります。
愛情の総量が、その人の幸せを決定すると思うのです。

生きがいを持つと、楽しい時間が過ごせる

趣味がないという人がいます。他人事ながら、そのような人はどのようにして老後を過ごすのか心配になってしまいます。

私は趣味に、かなり多くの時間と労力とお金をかけている人間です。**趣味を持ってよかったと思っています。そのおかげで今も生きがいを持っているからです。これからも楽しい時間を過ごすことができます。**

しかし、趣味は持ちたいと思っても持てるものではありません。何かに夢中になっているうちに、ふと、「あ、これが自分の趣味なんだ」と気づくようなものです。ですが、趣味を持ちたいと思っている人に、私が趣味を持った経緯をお話しましょう。参考になるかもしれません。

私は小学校五年生のときに、音楽の授業中にロッシーニ作曲の「ウィリアム・テル」序曲を聴きました。年配の方はご存じかもしれません。この曲の最後の威勢のいい部分は、テレビ創成期のアメリカドラマ「ローン・レンジャー」の中で、主人公が「ハイヨー、シルバー」と愛馬に声をかけて、悪漢をやっつけに行くときにかかっていた音楽です。私は音楽の時間にこの曲を聴いて興奮し、クラシック音楽の世界を知りました。

その後、小さな蓄音機を親に買ってもらい、まずは「ウィリアム・テル」序曲のレコードを買い、擦り切れるほどに聴きました。そうこうするうち、ロッシーニ以外の作曲家の音楽にも感動しました。徐々にベートーヴェン、ブラームス、モーツァルト、チャイコフスキー、リヒャルト・シュトラウス、ワーグナーが好きになり、高校生のころにはいっぱしの音楽通でした。

また、小学生のころからベートーヴェンの伝記を何冊も読み、次にベートーヴェンがモデルだと言われているロマン・ロランの長編小説『ジャン・クリストフ』を読んで感激。そのほか、音楽家が主人公になっている小説やオペラの原作になっている作品を読み、そうこうしているうちに文学が好きになりました。

そして、ワーグナーと交流があり、ワーグナーから哲学を得たニーチェを知って天地がひっくり返るような衝撃を覚えて、ニーチェの本も読みふけりました。さらに、音楽に関する映画を追いかけてみるようになって、映画にも関心を持つようになったのでした。

そうなれば、ドイツやフランスの音楽や文学の本場に行きたいと思うのは当然です。もちろん、若いうちは経済的事情によってなかなか行けませんでしたが、少し余裕ができてからヨーロッパを中心に出かけるようになり、その後、ふと行ってみた東南アジアにヨーロッパ以上の魅力を覚えました。

そうこうするうち、訪れた海外の国は四五か国を超えて、趣味は海外旅行と言っても恥ずかしくない数になっていたのでした。

つまり、何を言いたいかと言いますと、私の場合、すべては音楽から発しているということなのです。

よく「多趣味ですね」などと言われるのですが、そんなことはありません。**ずっ**

と一つのことに関心を持ち、その流れの中で広がっているのです。私は趣味というのは、こんなものだと思います。

おもしろそうなこと、好奇心を惹かれること、楽しいことを追いかけているうちに、だんだんと広まり、深まるのです。

心得 11

音楽から広がり、深まった趣味の世界。
趣味は生きがいとなり、
今、楽しい時間を過ごすことができています。

迷うのも旅、たどり着かないのも旅

趣味を聞かれると、最近、私は「クラシック音楽鑑賞、読書」とともに「海外旅行」を挙げることにしています。これまで五〇回以上海外旅行に出て、四五か国ほどを訪れた経験がありますので、趣味に海外旅行を挙げる資格は十分にありそうです。

一九八五年には、新婚旅行で六〇日間、ヨーロッパ一六か国の旅に出ました。社会主義時代のポーランドやチェコスロバキア、ブルガリアなどを含みます。

なぜ六〇日間の旅に出られたかというと、ほとんどフリーター状態で、たいした仕事がなかったためで、必然的に貧乏旅行でした。ほとんどバックパッカーです。それはそれは苦労の連続でした。食うや食わずの試練の旅行です。

新婚旅行から帰って、妻に「あなたとは金輪際《こんりんざい》、二人で海外旅行はしない」と言われましたので、その後は基本的に一人で海外に出かけます。

四〇代のころまでは、文字通りの一人の自由な旅でした。荷物だけ持ち、ホテルの予約もせず、格安航空券でぶらりと出かけ、目的地に着いてからホテルを探します。最も安いホテルに泊まって、次の目的地を考えます。が、トシをとり、経済的な余裕もできてからは、さすがにそのような旅は辛くなってきました。そこそこのホテルを予約するようになり、このごろでは、先進国でない国に出かける場合には、ツアーを利用します。ミャンマー、パキスタン、ジョージア、アルメニア、そして中国などが最近訪れた国です。

このような旅でしたら、料金もさほどかかりません。国内旅行よりもずっと安くあがることも多いようです。

数年前、ドイツを列車で移動したとき、スーツケースを荷物台に上げようとしてできませんでした。ドイツの若者が見かねて助けてくれましたので、なんとかなりましたが、もう一人での列車旅行はできないと思い知ったのでした。

とは言え、私の旅行の流儀は変わりません。ツアーに参加しても、できるだけ自由時間の多いものを選びます。

前もって計画することはほとんどありません。ガイドブックは持参しますが、せいぜい、前日にホテルでざっと読む程度です。何はともあれ、目的地を設定して、できるだけ歩きます。実は地図もいい加減にしか見ません。道に迷ったら迷ったで、少しもかまいません。目的地に到着しないこともありますが、それでもかまいません。**よほどの観光地ならなんとしてでも行きますが、そうでなければ縁がなかったと思ってあきらめます。**

以前、ロシアのサンクトペテルブルクに行ったとき、『罪と罰』の主人公・ラスコーリニコフの住居のモデルになった場所に行こうとしてたどり着きませんでした。それでいいのです。迷うのも旅、たどり着かないのも旅。そうしながら、街の様子を見て、人の様子を見るのが楽しいのです。

私は英語は苦手です。フランス語を勉強するうち、英語の単語が頭に浮かばなくなりました。フランス語もしばらく離れていますので、言葉が浮かびません。

ですから、よほど道に迷ってどうにもならなくなったときぐらいしか、街の人に声をかけません。まったくの傍観者として街を歩きます。本当に一日に一〇キロ以上は歩きます。

ふだん運動不足の生活をしていますので、かなりくたびれます。このごろはタクシーを使うことも多くなってきました。が、ともあれ街中をうろうろします。疲れたらカフェに入ったり、ベンチに座ったりしてひと休みして、また歩きます。

こうして、その土地を楽しみます。すると自分とも向き合えます。**日常とは異なった時間を過ごす、それが何よりの旅の楽しみなのです。**

心得 ⑫

旅の計画はほとんど立てずに出発。
目的地に到着しなくてもかまいません。
できるだけ歩いて、街や人の様子を見るのが楽しいから。

おいしいものは、大好きな人と食べたい

私は食べることが大好きです。旅行や出張に行くときはもちろん、映画に行くときもコンサートに行くときも、打ち合わせに行くときも、すべてどこで何を食べるかを中心に物事を組み立てます。打ち合わせ場所や時間を私が決めるときには、近くにおいしいレストランがあるかどうかを基準に決めます。

私は仕事をしている間、一人で行動することが多かったものですから、その癖がついていて、ほとんどいつも単独行動です。映画にもコンサートにも食事にも一人で行くことがほとんどです。

以前は焼肉屋さんにももちろん一人で入っていました。京都の老舗の懐石料理店にも一人で行きます。ただ、「焼肉屋に一人で行くのはおかしい」とテレビで言われて

いるのを聞いて、初めて自分の行動に疑問を持ち、しばらく中断しましたが、また再開しています。

私が食事に一人で行くのは、ただ単に、おいしいものを食べたいからです。**おいしいものを食べることは、素晴らしい芸術などとともに、人生に喜びをもたらしてくれます。**

時々、本当においしいものを食べて感動することがあります。並みのおいしさではない、あっと驚くようなおいしさです。

私が最後に感動的なおいしさを覚えたのは、中国の広州でのことでした。旅行サイトでホテルを選び、あまり吟味しないまま宿泊を決めて、到着してみたら、最寄りの地下鉄駅まで遠く、交通の便は最悪。近くに入りやすいレストランもありません。後悔しながらホテル内のレストランに入って、わけもわからず注文し、出てきた料理を口にしてびっくり。三品頼んだのですが、どれも絶品でした。これまでこんなおいしいものを食べたことは数回しかない、と思いました。広州は食の都なのですが、その広州でも驚くようなおいしさでした。

そんなときには、一人で食べているのがもったいなくなります。**大好きな人においしいものを食べさせてあげたい、大好きな人と一緒においしいものを味わいたい**と考えます。

この感動、この喜びを愛する人と共有したいと思うのです。

心得13

おいしいものは、人生に喜びをもたらします。
感動するほどおいしい料理は、一人で食べるよりも、
愛する人と一緒に味わいたい。

食欲は元気のバロメーター

私がクラシック音楽好き、ヨーロッパ文学好きだからでしょう。「よくフランス料理を召し上がるんでしょう」などと聞かれることがありますが、そんなことはありません。

もちろん、フレンチもイタリアンも好きで、ひと月に一度くらいの割合で食べに行ったりします。が、当然、私は和食派です。刺身、すし、うどん、ラーメンが大好物です。

私が最も好きなのは川魚です。鮎や鯉が特に好みです。鮎は天然でなければいけません。天然と養殖の違いは、私はほかの魚ではほとんど区別がつきませんし、フグやウナギでは、養殖もまったく変わらずおいしいと思うのですが、鮎ばかりは違います。

天然の鮎の香りは別格です。苔を食べてきた鮎独特の香りがします。その塩焼きは最高です。

私が子どものころ育った大分県日田市では、鮎や鯉が一般的でした。我が家だけの習慣なのかもしれませんが、客が来ると、鶏を絞めるか、鯉を生簀《いけす》からつかんで調理をして出したものです。母の実家には、そのための生簀もありました。鯉のアライや鯉こくは子どものころから慣れ親しんだ食べ物です。

日田で過ごしたあと、中津、大分という海辺の町で過ごしましたので、刺身も子どものころからたくさん食べました。東京に出てくるまで、刺身が高級料理だとは知りませんでした。きっと中津や大分では刺身の値段はそれほど高くなかったのでしょう。我が家の食卓には、刺身はほとんど漬物のような感覚で、皿に山盛りにして出されていました。ただし、マグロや鮭は高級なので出てきません。アジ、サバ、トビウオといった九州でとれる近海魚がほとんどです。

ウナギも大好きです。父がよくウナギを釣ったり、簗《やな》でとったりしていました。それを母がかば焼きにします。大学生のころ、東京で、三度の食事もろくにとれないほどの生活をしていた中で、両親のもとに帰省したとき、ぶつ切りにされたウナギが三匹も四匹も入った器に飼い犬がかぶりついているのを見て、とてもうらやましく思ったのを覚えています。

麺も大好きです。私は夏の間、家にいるときには、そうめんと冷や麦と冷やしうどんを繰り返します。青ネギとみょうがを添えて、薄味のつゆで食べます。ひと月くらい食べ続けても飽きません。

ラーメンも大好きです。九州生まれですので、基本はトンコツです。このごろは年齢のせいでちょっと胃にもたれ気味になってきましたが、今でも本当のラーメンはトンコツだと心から信じています。大学に入ってから、初めてナルトとほうれん草入りの東京ラーメンを見て、「こんないかさま物が食えるか！」と思ったのを覚えています。

エスニック料理も大好きです。一九八〇年代に初めてタイに出かけて、タイ料理のおいしさを知って以来、しばらくタイ料理店回りをしていました。九〇年代にはベトナム旅行をして、そこでもベトナム料理が世界最高だと思って、今度はベトナム料理店巡りをしていました。もちろん、インド料理も中華料理も大好きで、よく食べに行きます。

まあ要するに、おいしいものはなんでも好きなのです。九〇歳を過ぎた母も、おいしいものが大好きです。最後まで残るのが食欲でしょう。生きているうちにおいしいものを食べまくろうと思っています。

心得 14

食べることは生きることです。おいしいものを食べることが長生きにつながると思っています。

辛いときにも、心の支えがあると人生を楽しめる

私は小学校五年生のときからクラシック音楽に親しんできました。本を盛んに読んでいた時期、読まなくなった時期、映画をよく観ていた時期、観ていなかった時期などがありますが、音楽だけは一〇歳のころから六八歳の現在まで、ずっと聴き続けています。

ちょっとキザな言い方になりますが、**クラシック音楽を「心の故郷」だと思っています。**

父が転勤族だったために、私には故郷がありません。父の実家のあった大分県日田市が長い間私の本籍地であり、私の故郷と言えるところでしょうが、そこには五歳までしか住んでいないので、友だちもほとんどいませんし、思い出もありません。中津

市でも大分市でも、もちろん友だちは何人もできましたが、「よそ者」という意識をずっと持ち続けていました。音楽を聴くときだけ、心の故郷にいる気持ちになれるのです。

久しぶりに、小学生のころに好きで聴いていた曲、例えばチャイコフスキーの「くるみ割り人形」や、グリーグの「ペール・ギュント」、ビゼーの「アルルの女」などを聴いていると、まるで故郷の見慣れた風景に出くわしたときのような懐かしさを覚えます。

ちょっと恥ずかしいのですが、私の音楽の趣味は高校生のころからほとんど変わっていません。好きな作曲家は、バッハ、モーツァルト、ベートーヴェン、ワーグナー、ブルックナー、ブラームス、リヒャルト・シュトラウスといったドイツ系の人たちです。重めの構成のしっかりした曲が好きです。ピアノ曲はあまり好みません。弦楽器の室内楽、交響曲、声楽曲、歌劇を好みます。

私は年に一〇〇回前後コンサートに出かけます。音楽を生業《なりわい》にしていない素人としてはかなりの回数だと思います。

音楽を「癒し」という人がいます。もちろん、癒しにふさわしい曲もたくさんあります。が、それだけではありません。私が好きなのはむしろ興奮や心の底からの感動を巻き起こす音楽です。クライマックスの場面では、全身が鳥肌立つような感動を覚えることもあります。感動の涙を流すこともしばしばです。いずれにせよ、魂を揺り動かされます。

このような感動は、美術や本では味わうことができません。

私は時折、音楽に人生を狂わされたと思うことがあります。音楽に感動するようになる前、私はかなり真面目な少年でした。言いつけを守り、学校の成績もよく、優等生で誠実でした。ところが、音楽に痺《しび》れ、とりわけワーグナーの「トリスタンとイゾルデ」やリヒャルト・シュトラウスの「ばらの騎士」「サロメ」などを夢中で聴くようになってから、現実の社会の中で生きるのがあまりにばからしくなり、勉強を怠り、社会から孤立して生きるようになったのでした。

しかし今は、私を育ててくれたのは音楽だと思っています。**音楽がなければ、今、私はこうしていないでしょう。感動を得ていないでしょう。人生を楽しんでいないで**

しょう。

多くの人は、辛いことがあると故郷に帰ります。私は辛い時期、音楽を聴いて過ごしました。

心の支えになったのはモーツァルトとブラームスの室内楽でした。これは私にとって癒しの音楽でした。ベートーヴェン、ワーグナーの作品は、それを受け止めるだけのエネルギーがその時の私にはありませんでした。室内楽を聴いているうちに、故郷で体を休めているように心が癒され、心身が回復していったのです。

心得15

魂を揺り動かされる音楽が、
自分を育ててくれたと思っています。それは、
音楽によって感動を知り、人生を楽しんでいるから。

知性と感性をフル動員させるワーグナーの魅力

作曲家リヒャルト・ワーグナーは私にとって特別な存在です。いえ、ワーグナーは一人の作曲家というだけでは足りない存在です。自分で台本を書き、それに音楽をつけて作曲をし、そこに独自の思想を盛り込みましたので、劇作家でもあり思想家でもあります。

ワーグナーの影響は世界中の芸術家や哲学者ばかりか、政治家にも及びます。ヒトラーがワーグナーに心酔し、その精神をナチスの考えに盛り込んだことはよく知られています。ですから、ワーグナーは危険な思想家でもあります。

「タンホイザー」「ローエングリン」「トリスタンとイゾルデ」、そして四日かけて上演され、全曲で一五時間を超す四部作「ニーベルングの指環」などの作品を残しました。おそらく、多くの方がどこかしらで聴いたことのあるメロディもたくさん含まれているはずです。

ワーグナーに心酔した人のことを「ワグネリアン」と呼びますが、私はワグネリアンの一人と言えるでしょう。ワーグナーだけでCD、DVDを合わせて一二〇〇枚ほど持っていますし、ワーグナーが上演されるとなると、必ず会場に出かけます。ワーグナーについて書かれた本も読んでいます。恥ずかしながら、ワーグナーについての著作もあります。

毎年、ドイツのバイロイトでワーグナー作品だけを上演する音楽祭が開かれますが、そこにも四度ほど行きました。まあ、もちろんワグネリアンの中では、四回ではまったく誇れません。

初めてワーグナー作品に出合ったのは、高校生のとき、「ワルキューレ」全曲のレコードでした。心の底から感動し、魂が震えました。高校三年生のとき、大学の第二外国語を選択する時期に、たまたまカミュやサルトルに心酔していましたので、フランス語を選んでしまいましたが、その後、なぜドイツ語を選び、独文科に入ってワーグナーを研究しなかったかと悔やんだものです。

ワーグナーの楽劇は複雑に入り組んだ生命体のようです。音楽とセリフによるさまざまな意味が充満しています。ですから、ワーグナーの作品に接するごとに新たな発見があります。「あ、このセリフは、前のあのセリフと結びついていて、このようなことをここで暗示していたんだ」「実は、この音楽にはこのような象徴的な意味があったんだ」と作品を観るごとに感じます。ワーグナーの作品に接するときには、知性と感性をフルに動員します。

しかも、ワーグナーの楽劇は演出を伴います。これはあまりよいこととは思わないのですが、最近の演出は「読み替え」と呼ばれて、台本に書かれていることとはまったく別の出来事が展開されるものがたくさんあります。

例えば、台本では中世、騎士のトリスタンと、姫イゾルデが愛の魔酒を飲んで激しい愛に駆られて抱き合うことになっているのに、舞台上では現代の服を着た二人がそっぽを向いてソファに座っていたりします。観客はそのシーンを見ながら演出家の意図を読み取り、その人の作品解釈を考えます。そうしながら、歌手たちの声に酔い、音楽に耽溺《たんでき》します。

時には満足できない演奏、演出もあります。しかし、そんなときにも、最後の部分でワーグナーの音楽に感動します。「ああ、ともあれワーグナーはすごい」と思って帰ります。

まさに汲めども尽きせぬ魅力です。きっと私は、体が続く限りワーグナーの上演を追いかけるでしょう。

心得16

ワーグナーは生涯にわたって特別な存在。
複雑に入り組んだ生命体のよう。
知性と感性をフル動員させられる音楽に満たされます。

新たな発見がある読書の楽しみ

二〇年ほど前まで、私は大の読書家でした。二〇代のころ、岩波文庫の外国文学のほとんどを読みましたし、そのほかミステリーも哲学書も政治思想の書物も専門書も、ほとんど手当たり次第に読んでいました。フランス語の小説や専門書なども読んでいました。

その後、四〇代になってから、予備校講師の仕事が忙しくなりました。参考書や一般書の執筆依頼が次々と舞い込み、年に一〇冊くらいの本を出した時期もありました。読んだ本よりも書いた本のほうが多いというような状態だったこともあります。読む本も、小論文の解説をするための本であったり、参考書を書くための資料であったりしました。

が、最近、やっと落ち着いてきました。幸か不幸か、執筆依頼も以前ほどではありません。そのほかの仕事もセーブしていますので、本を読む時間をつくれるようになりました。

この機会に昔読んだきりで、ストーリーさえ忘れ始めた文豪の作品をまとめて読み返そうと思い立ちました。夏目漱石、村上春樹、永井荷風の代表作を読み終えて、今は三島由紀夫を読んでいます。純文学の名作だけでなく、エンターテインメント作品も読んでみると、三島の幅の広さ、さまざまな魅力に気づきます。

若いころに読んだものを今読み返すと、新たなことに気づきます。もう私は夏目漱石よりも年長です。初めて読んだときのように、若輩者として先輩の意見を聞く立場ではありません。少なくとも年齢も上、情報量も上です。現代の視点で読み返してみると、いっそう漱石の慧眼《けいがん》に驚くこともあります。

そのほか、私は志賀直哉、大江健三郎、古井由吉に心酔していた時期がありますので、それらの作家も読み返したいと思っています。また、フランス文学から離れてしばらく経ちますので、再び岩波文庫を読み返してみようかとも思っています。

音楽や映画と異なって、本は自分のペースで進めることができます。好きなところを開いて、そこだけを繰り返し読むこともできます。前のほうを思い出して、関連をもう一度たどることもできます。そうすると、多面的な読み方ができます。別の登場人物の立場に立って読んでみたり、作者の言葉の使い方の特徴に気づいて追いかけたりもできます。気に入った部分があったら、そこを暗唱することもできます。**好きな時間に、好きなだけ読書するのは、最高の楽しみです。**

心得 17

時間ができた今だからこそ、読書を楽しめます。
文豪の作品を読み返すことで、
新たなことに気づく最高の時間となります。

映画監督の夢をあきらめても、鑑賞者として楽しむ

私は映画監督になることを夢見ていました。そのためもあって、早稲田大学第一文学部の演劇科に進んだのでした。

子どものころは、時代劇好きの父に連れられて東映映画を観たりしました。クラシック音楽好きになり西洋文化に目覚めてからは、文芸映画やフランス映画の「幸福」「シェルブールの雨傘」などを観て感動していました。

そして最も衝撃だった映画が、イタリアの監督パゾリーニの「アポロンの地獄」でした。ギリシャ悲劇『オイディプス王』を映画化したものですが、その鮮烈な映像や、荒々しい語り口に興奮して、しばらく呆然とするほどでした。同じパゾリー

ニの「王女メディア」「奇跡の丘」も観ましたが、いずれもその詩的な映像に圧倒されました。

当時は、ゴダール、トリュフォー、レネに代表されるフランス・ヌーヴェルヴァーグや、フェリーニ、アントニオーニ、ヴィスコンティらのイタリア映画、そして日本では大島渚、篠田正浩、吉田喜重らの、いわゆる松竹ヌーヴェルヴァーグの時代でした。映画の世界に魅了され、そして、監督を目指そうと思ったのでした。

しかし、演劇の世界に足を踏み入れたり、実際に映画をつくっている人たちと話したりしているうちに、映画づくりは集団で行う作業であり、監督は人間関係を束ねる存在で、強力なリーダーシップが必要なことに気づきました。それは私に根本的に欠けている資質でした。だんだんと監督の夢は遠のいていきました。

監督になる夢をあきらめたあとは、シナリオや映画評論を書いて、小さな賞をいくつかもらいました。シナリオライターとしてやっていかないかと勧められたこともあります。が、私は田舎の公務員の息子で、田舎の進学校では、はみ出し者で知的不良というような存在でしたが、根は善良な小市民です。映画スタッフのようなあまりに市民感覚とかけ離れた生活の中に、飛び込む勇気はありませんでした。

そのころ、パゾリーニの著作の翻訳をなさっている米川良夫先生を訪ね、親しくさせてもらうようになりました。

先生にフランス文学、イタリア文学について話していただくうちに、映画という集団的な世界よりは、文学研究者としての道のほうが自分に向いていると思って、映画の仕事はあきらめたのでした。ただ、のちに研究者にも向いていないことに気づきましたが……。

その後は、映画をつくる側の意識は一切捨てて、ただ鑑賞者として映画を観ています。学生のころは年に三六五本以上の映画を観ていましたが、社会人になってからは、劇場で観るのは年にせいぜい一〇本くらい、あとはＤＶＤを借りたり、購入したりして家で観る生活になりました。

私はミニシアター系の映画が好きです。大劇場でかかる娯楽作品は目が回ります。フランス映画、イタリア映画、そしてイラン映画などを、ＤＶＤを購入して観ることが多くなりました。

最近は中国映画のおもしろさを発見しました。「胡同《フートン》の理髪師」は大傑作だと思います。変わりゆく時代の中で、昔ながらの生活を貫こうとする九三歳の現役理髪師と、彼を取り巻く老人たちの日常が描かれた映画です。これからも、時間を見つけて映画を観たいと思っています。

心得18

何ごとにも向き不向きはつきものです。
夢はかなわないこともありますが、
あきらめることで、次に進めることもあります。

美しさも、下品さも含めて愛する我が街

住んでいる街を愛するというのが、幸せの大きな条件の一つだと思います。

人間というのは、個人で存在しているわけではありません。家族がいて、友人がいて、仲間がいて、家があって、住んでいる街があって自分が成り立っています。**自分の住む街を愛してこそ、友人を愛し、家庭を愛し、自分を愛することができると思うのです。**

私は、東京の多摩地区のターミナル駅から歩いて一五分ほどのところに住んでいます。もちろんぜいたくを言ったらきりがありません。もっと便利で、もっときれいで、もっと暮らしやすいところもあるでしょう。もっと不動産価値の高いところはほかにもたくさんあります。

しかし、私は、この街がとても気に入っています。

私は、大分県の日田市というところで育ちました。子どものころに住んでいた家は、日田駅から歩いて一〇分くらいのところにあって、都市部といえる場所でしたが、母の実家は大鶴地区という山間部にありました。

母の実家が好きで、よく遊びに行っていました。山に囲まれた林業地帯で、祖父は林業を営んでいました。

小学校五年生からは大分市で暮らしましたが、高崎山や由布《ゆふ》岳、鶴見岳を見ながら生活していました。そのためかもしれません。私は森が好きです。

今の家で気に入っているのは、近くに雑木林があり、少し歩くと山が見え、周囲を緑に囲まれた箇所がたくさんあることです。車で一〇分ほど行くと、東京都内とは思えないような田園地帯が広がっています。

駅まで歩くとき、季節ごとに変化する花々を見るのも楽しみです。春になるとあちこちで梅やモモや、桜が咲きます。花の香りがほんのりと漂ってくることもあります。駅までの道を歩くだけで季節を味わうことができます。

しかし、実を言うと、私が自分の住んでいる街を好きな理由は、このような風流さを感じられるところだけではありません。もっと猥雑《わいざつ》な場所、もっと下品な場所も大好きなのです。

駅の周囲には品のよくない居酒屋や焼き鳥屋などの店が並んでいます。若者でにぎわっている店がたくさんあります。そのすぐ近くに風俗店もあります。客引きのいる店もあります。見るからにいかがわしい店もあります。

さすがにそのようなところに出入りする意思はなくしましたが、このような店があると、私はホッとするのです。

もちろん、これらの店の中にはきっとよくない店があるでしょう。暴力団関係者の店ももしかしたらあり、本来なら、なくすべき店なのかもしれません。が、私はそのような怪しい店があることも含めて、この街を愛しています。

また、夜の街で働く女性や男性が着飾って歩いているのを見かけます。ケバケバしい女性やホストらしい男の姿も見慣れた光景です。

人生はきれいなことだけに包まれているわけではありません。**人間の体もきれいな**

ところだけではありません。しかし、すべてが人間を構成しています。街も同じだと思うのです。

欲望を満たす場所があり、避けたほうがいい場所もある。それが街だと思います。

それをひっくるめて、私は自分の住んでいる街が好きなのです。

心得 19

自分が成り立っているのは、家族、友人、仲間、そして、住む街があるから。

住んでいる街を愛することは幸せの条件。

踏んだり蹴ったりの結果、吉となることもある

「人間万事塞翁《さいおう》が馬」という言葉があります。凶と思われたこともあとに福に転じ、福と思われたことも凶に転じるという意味です。多くの人の人生が、これに当てはまると思いますが、私の人生もまたこの言葉に当てはまります。

最大の幸せを得られたと思っていたら、それが原因で悲惨な目にあった経験がいくつもありますが、今、強く思うのは、**私の今の人生が幾分うまくいくようになったのは、踏んだり蹴ったりの目にあわされた結果**だということです。その出来事を紹介しましょう。

大学を卒業しても、生意気なくせに口下手で、学生紛争時代の影響を受けた若者だったので、五〇社以上の会社の入社試験で全敗。仕方なしに、大学院でフランス文

学を学ぶことにしました。が、学部では演劇科で映画を専攻していました。フランス語は得意ではなく、しかも勉強熱心でもなかったので、大学院でフランス語を勉強してもうまくいきません。そもそもコミュニケーション力がありませんので、指導教授ともうまく付き合えません。

そんなとき、タイ旅行で詐欺《さぎ》にあって経済的苦境に陥ってしまいました。そこで、少しだけのお金を得るために、週一回、小さな予備校で小論文を教えることにしたのでした。

私は国語の教務主任のつくったテキストを使いませんでした。ひどいテキストだったからです。自分なりに工夫して教えました。とても評判がよく、生徒たちの支持を得ました。教科会議でテキスト変更を訴えましたが、無視されました。そこで教科会議を欠席し、勝手に教えていました。

そんなある日、教員室に行ってみると私の出勤簿がなく、生徒の出席表がないのです！　いえ、それどころか、教室に行くと、別の教員がすでに生徒に小論文を教えています！　どうしようかとうろうろしていると、教務主任に呼び止められました。そして、部屋に呼ばれて、「不祥事を起こしたのでクビ」と言い渡されたのです。

不祥事は誤解でした。一部の生徒の不正確な情報をうのみにし、ここぞとばかりにそれを口実に私を辞めさせようとしたのです。私は断固、抗議をして、誤解は解けました。契約は維持させましたが、翌年の契約はありませんでした。

こんな素晴らしい教え方をしている私をクビにするとはなんということだ！と怒りに任せて、自分の小論文指導を三日間くらいでまとめて小さな参考書を書きました。が、書いたら気がすんだので、そのままになっていました。

その後、しばらくしてワープロが流行《はや》り始めました。私も何かを書いてタイピングの練習をしようと思いたち、しばらく前に書いた参考書の原稿をワープロに打ち込んだのです。せっかくだから、二つの出版社に送ってみました。すると一社からすぐに、「とてもおもしろいので出版させていただきたい」という返事がきました。

こうして『ぶっつけ小論文』という小さな参考書が刊行され、それがきっかけになって東進ハイスクールからお声がかかり、そうこうするうち、一部から「小論文の神様」と呼ばれるようになり、一般書に執筆範囲を広げて、二五〇〇万部を超すベストセラーも書いたのでした。

小論文の世界、書物の世界でうまくいったのは、タイの詐欺師、そして、私をクビにした予備校の主任のおかげなのです。

これからもきっとひどい目にあうでしょう。が、しばらく待てば、それが吉と出るかもしれません。もちろん逆もあるかもしれませんが、ともあれ吉を待つことにしようと思っています。

心得20

人生は予測不能、災い転じて福となることも、
また、ならないこともあります。
それでも、吉を待ってみることにします。

第3章

こだわらない、とらわれない心得

ありきたりで無個性な服が、自分を自由にする

身だしなみについては、年齢を重ねても、いえ、重ねるがゆえに気になるところでしょう。

仕事をしていたころは、制服があったり、スーツがあったり、その仕事場にふさわしい規範があったりして、服を選びやすいのですが、組織から自由になった途端に、どんな服を着ればよいのか、迷ってしまいそうです。

服装はすべて自己演出と言われます。その通りだと思います。なんであれ**服を着て外に出るということは、その服にふさわしい人間だと見られてもよいと、自分で考えているということです。**

高級ブランド品に身を包んだ人は、一流の人間であると見てほしいと思っているの

でしょう。堅実なスーツを着ている人、おしゃれな着こなしをしている人は、それぞれそのような人と見られたいと思っているのでしょう。みすぼらしい格好で外に出るとしたら、その人は「私はみすぼらしい人間に見られてもよい」ということの意思表示だと思うのです。

で、私はと言うと、実は特にこだわりのない、かなり無個性な服を着ています。百貨店や手ごろな紳士服店に行って、目について買った服を季節ごとに二、三着使いまわしています。

ファッションにはコンサートにかけるお金の一〇分の一もかけていないと思います。流行にもほとんど無頓着です。

それには実は私なりの理由があるのです。

私は、お金持ちと思われたいわけでもなく、おしゃれな人間とも、芸術家とも、真面目なビジネスマンとも思われたいわけではありません。私は、「あまり規範にとらわれずに自由に生きている人間だ」と思われたいのです。

ただ、「私は自由人だ」という服装をすると、それもまた一つの自己主張になって

しまい、自分を規定してしまいます。私はそれも避けたいと思うのです。

そこで私が選ぶのは、「なんにでも化けられる服装」です。ネクタイをしめればそれなりの仕事をしている人に見え、正式なディナーにもそのままで行ける。そのままの格好で大学や予備校で授業ができ、夜はそのままクラシックのコンサートに行ける。ちょっと腕をまくれば、カジュアルにも見えて若者の多い場所でも違和感がない。そのままの格好で娯楽施設にも遊園地にも行ける。そんな服装です。

なんにでも化けられる格好となると、ビジネスマンを少しカジュアルにした服装という、かなりありきたりで無個性な服になるのです。でも、私はそれでよいと思っています。

もちろん、ファッションで自分の個性を打ち出している人は素晴らしいと思います。あまりのセンスのよさに見とれることがあります。とりわけ、ブランド品とは思えないような服をおしゃれに着こなしている人を見ると、私はうれしくなります。きっと素敵な方だろうなと思います。

ただ**私は、服装からも自由でいたいと思います。**そうなると、必然的に、無個性で無難な、なんにでも化けられる服装が便利なのです。

心得 21

私は服装で自己主張をしません。
それは「あまり規範にとらわれずに
自由に生きている人間だ」と思われたいからです。

物にこだわると、その物に振り回される

品物にこだわりを持つ人がいます。バッグ、財布、筆記用具、パイプ、眼鏡などです。道具や小物を大事にし、そこに愛情を注いでいます。家具調度品にこだわって部屋を自分なりにコーディネートする人もいます。そんな人に私は憧れます。

そのような人は、その物の歴史を愛し、その物と共通の時間を愛《いと》しんでいるのでしょう。そして、**物の形に美しさを見出し、機能では収まりきれない美を感じているのでしょう。それに対する愛で自分を満たしているのだと思います。**

私はその精神に憧れるものの、残念ながら、今のところ、そのような精神とは無縁です。私が物にこだわるとすると、それは機能が優れているからにすぎません。筆記用具も私が愛用しているのは、一〇〇円のボールペンです。ボールペンにもいろいろ

ありますが、その中でも最も書きやすい銘柄を使っています。ですから、もっと機能的に優れた製品が発売されれば、ためらわずに今のこだわりを捨てます。

私は本やCDやDVDを大量に所有しています。それを捨てろと言われると、かなり抵抗を感じます。しかし、それは物に愛着があるからではありません。それらの本やCDやDVDの中身が別のメディアにコピーされて、それが自由に使えるのだったら、私はまったく問題を感じません。大量の物を整理できるのだったら、大歓迎です。

このように形あるものにこだわることができずにいます。物にこだわると、それに振り回されそうな気がするのです。機能のための物であるはずなのに、それが意味を持ってしまうのです。**筆記用具としての価値がなくなったら、こだわりなく捨てたいと思います。それなのに、それに愛情を持ってしまったら、捨てられなくなりそうです。**

それに、そのような物は経済的な価値と結びつき、しばしば見せびらかすためのステータス・シンボルになってしまうように思います。例えば、本来、実用であるはずの自動車がステータス・シンボルになると、高級車が憧れの対象となります。それだけならまだしも、高級車が汚れるのを避けるために、雨の日には乗らないということになりかねません。それは本末転倒だと思います。しかし、そうなってしまいます。**物のほうが重視されて、本来の仕事ができなくなってしまうのです。**

そのような理由で、私は物に対するこだわりを持たずにいます。

しかし、繰り返します。そう言いながらも、私はやはり、姿形も気に入った小物を持つことに憧れます。右のようなことを書いてしまったのは、きっと私がまだ素晴らしい物に出合っていないからなのでしょう。

愛すべき女性がふっと現れるように、愛すべき小物が現れたら、どんなに幸せだろうと思うのです。

心得 22

物に愛情を持ってしまったら、捨てられなくなります。
今はまだ、こだわりなく捨てたいので、
機能性を重視した物を使っています。

みんなに愛想よく振る舞う必要はない

近年、コミュニケーション力の高さが盛んに持ち上げられています。会社に入るのはもちろん、大学入試でも、面接の際にコミュニケーション力が重視されることもしばしばです。そして、そのコミュニケーション力とは、誰とでも気軽に話をすることができ、すぐに仲よくなれることを意味します。

言うまでもないことですが、コミュニケーション力は大事です。周囲の人とコミュニケーションを上手にとってこそ、自分の能力を発揮できますし、心地よく活動ができます。

しかし、だからといって、誰にでも気軽に話しかけることができて、すぐに仲よくなれることだけが、コミュニケーション力があるということではないと思うのです。

気軽に人と話すことができないからといって、自分はコミュニケーション力がないなどと考えるべきではないと思います。

コミュニケーション力にもさまざまなタイプがあります。

その場の雰囲気を荒立てることなく、誰にでも批判をズケズケと言える人、感じよく反論できる人、ここぞというときに、頑《かたくな》な人を上手に説得できる人、多くの人と話をするわけではなく、ごく一部の人と親密になる人なども、みんなコミュニケーション力のある人です。

私自身は、誰とでも仲よくできるタイプの人間ではありません。むしろ、それとは正反対の人間と言えるかもしれません。パーティの場などでも誰とも話さないまま帰ることもあります。

私は一人きりでいても十分に楽しめる人間なので、実はあまり他人との交流を必要としません。誰とでも話ができてすぐに仲よくなれる人を、うらやましく思うこともありますが、特に不自由は感じていません。

私はみんなと仲よくしたいとはあまり思わないのです。みんなと仲よくすると、どうしても気をつかいます。みんなと仲よくしようとすると、まだ声をかけていない人を気にかけて、声をかけなければならなくなります。また、声をかけられたら愛想よく返事をしなければなりません。常に明るく振る舞わなければなりません。それでは疲れてしまいます。

私は、むしろ**「みんなに愛想よくしなければならない」というプレッシャーをなくすべき**だと思っています。

日本ではレストランでも、スーパーでも、そのほかのお店でも、飛行機に乗っても、係りの方はみんな、愛想よくつくり笑いで応じてくれますが、私はそこまでしなくてもよかろうと思ってしまいます。

私がコミュニケーション力で最も大事だと思っているのは、「聞いてあげる」力です。私はまだ人間ができていないので、なかなか実行できません。が、知り合いにこの力のある人がいます。

いろいろな人の繰《く》り言や愚痴《ぐち》や屁理屈《へりくつ》、とりとめのない感想、偉そうな自慢話などをきちんと聞いて、それに時々共感し、話している人を満足させてあげられる人です。

私でしたら、「お前の言うことは支離滅裂で訳がわからん」とか、「さっき同じことを聞いたよ。さっさと次のことを話してよ」と叫びたくなるところを、きちんと向き合い、耳を傾け理解してあげることのできる人です。それこそが究極のコミュニケーション力だと思うのです。

心得 23

話を聞いてあげられる人、
話している人を満足させられる人が、
究極のコミュニケーション力がある人だと思うのです。

思いやりに感じる「押し付けがましさ」

「心をこめる」という言葉があります。もちろんよい意味で使われます。が、私はこの言葉があまり好きではありません。

私は、**「心をこめる」という言葉に「押し付けがましさ」を感じる**のです。自分の思いを自分勝手に人に押し付けているように思えるのです。心をこめて弁当をつくられると、その弁当を食べて愛情を返さなければならなくなります。無言のプレッシャーです。

「心をこめる」とともに、私は**「思いやり」という言葉にも、同じような「押し付けがましさ」を感じます。**

相手の気持ちを思いやって、その人が心地よいように、苦しまないように心づかいをしようというのでしょう。その人は自分が〝善〟と思えることを相手にしてあげようとするのでしょう。それはそれで、とても立派な態度だと思います。

ですが、その人が善と思うことと、相手が善と思うことは同じとは限らないと、私は思うのです。それなのに、勝手に思いやりを持たれると、価値観の違う相手としては困ってしまいそうです。

私は**基本的に、人と人は理解し合えないと思っています。**人と人は価値観が違います。その人の気持ちになって考えることなどできません。その人の痛み、悲しみを自分のこととして感じることなどできません。家族でさえもできないでしょう。赤の他人ができるはずがありません。

しかし、理解し合えないからこそ、相手を尊重できます。自分とまったく違う価値観を持った人間が存在し、その人なりの考えがあること、私には理解できないかもしれないけれど、その人にとっての善があることは認識できます。

「心をこめる」「思いやる」という言葉は、そのような他者と自分の違いを無視して、同じような価値観だと考え、つながっていると考え、自分の善意が相手にそのまま届くと考え、自分が心をこめて思いやりさえすれば、相手もそれに応えるといった前提があるように、私には感じられるのです。

私は心をこめたり、思いやりを持ったりする以前に、相手の人格、相手の価値観、相手の存在を尊重したいと思います。自分とつながっていると考えません。だから、必要があれば、心をこめたり思いやったりするのではなく、自分の考えを相手に理解してもらえるように説明します。わかりやすく説明します。相手が遠慮なく自分の意見を言えるような雰囲気をつくる努力をします。

心をこめたのに、相手がそれに応えてくれなかったら、きっと失望するでしょう。場合によっては、あの人はわかってくれないと怒るでしょう。**心をこめていなければ、わかってくれなくても仕方がない、自分の説明が不十分だったと思えます。**私はそのほうがずっとすっきりして気楽だと思うのです。

誰でも、「自分と同じだ」「同じ価値観を持っている」という人に対しては、何よりも愛情を覚えます。「この人は私とは違う。この人を理解できない」と感じる人には愛情を持てません。

しかし、理解できないというような人に対しても、尊敬の念を抱くべきだと私は思います。そうすることによって、誰もが自分らしく生きていながらも、認め合える社会になると思うからです。

そして、それは一人一人が自由に生きていける社会でしょう。

心得24

人と人は理解し合えない。だからこそ、心をこめたり思いやったりする以前に、相手の人格、価値観、存在を尊重したいと思います。

自分の「売り物」を一つだけ持てばいい

人間には役割があります。もちろん、その役割は流動的です。例えば、私の場合、家族の中では、夫の役割や父親の役割を果たしています。近いうちに、「じいじ」の役割が増えそうな気配です。学校では「先生」、そのほか誰かの「友人」であったり、「先輩」や「後輩」であったり、店の「顧客」であったりという役割もあります。

人は誰でも、会社や仲間のグループやサークルなど、何かしらの人間関係の中で生きていくことになります。言い換えれば、**人間はグループの中での役割を果たしながら生きていくということになります。**

グループは一つの組織です。みんながリーダーでは組織は動きません。例えば野球であれば、それぞれがポジションを守り、それぞれが打席に入り、一丸となってチームのために力を発揮するという役割があるのと同じです。

ですから、なんらかのグループに入ったら、初めのうちは自分のポジション探しが大事になります。なんらかのポジションがないと、自分の存在価値を感じることができず、グループから浮いてしまったり、楽しく活動できなくなります。会社などはトップダウンで決まりますが、みんなが対等な立場のグループではそうはいきませんので、全体の雰囲気や、本人の言動によって役割が決まっていきます。

そのような場合、私が気を配っているのは、何かしらの専門家になることです。ふだんは目立たなくて、ほとんど役に立たなくてもいいのです。野球でいえば、バントの専門家、盗塁の専門家などです。**「この分野のことはあの人に任せておけば大丈夫」という領域を一つ持っていたい**のです。そして、専門家が必要な状況になったら、出番です。

話し合いを行っているときも、全般にわたって発言する必要はありません。存在感を示すことにそれほど気をつかうこともありません。ただ、自分の専門分野のことだけ気にかけます。そして、私の場合でしたら、文章指導を専門にしているので、「ところで、そうなると文章力の面で心配が出てくるのですが」などと発言します。

ある意味で、「売り物をつくる」と言ってよいかもしれません。売り物は一つでよいのです。もちろん才能があれば、いくつもの売り物があってよいのですが、**気楽に、快適にグループやサークルの中で生きるには、一つの売り物で十分**です。

自分以外のことにはあまり気にとめず、自分にかかわることについてはそれなりに行動する。それを通していれば、ともあれ途中で抜けたいと思わずにすむはずです。

それでも苦痛になったら、すぐにそこから遠ざかります。

心得 25

人間関係のしがらみからは逃れられません。ふだんは目立たなくても、役に立たなくても、〝専門分野〟を持って、出番に備えましょう。

死は必ずくる。自分にも人にも

年齢を重ねることの最も大きな悲しさは、喪失だと思います。

私自身も、これまでに親族を亡くしてきました。友人も何人か亡くしました。親しくしていた人がいなくなるのは本当に寂しいことです。

私はこの五〇年ほどの間、父とは年に数回くらいしか顔を合わせていませんでした。電話で話すのもひと月に一度もなかったでしょう。しかし、それでも**九州に私たち家族のことを心配してくれている親がいるということは、私にとって大きな支え**でした。

恩師や先輩や友も同じです。それほど頻繁に会っていたわけではありません。遠く離れたところに住んでいた人や、仕事の関係で疎遠になった人とは、数年間ほとんど顔を合わせていませんでした。それでも、その人がこの世から消えてしまうのは悲しいことです。若死にした友の無念を思うとやりきれない気持ちになることもあります。もちろん、これは致し方ないことです。**人間として生まれたからには、必ず死にます。それが少し早いか遅いかの違いでしょう。**人間は愛する人を残して無念のうちに死ぬか、愛する人に死なれて悲しい思いをしながら生きるか、そのどちらかしかありません。

「人間の一番の敵は『時間』だ」。そんな思いにとらわれることがあります。時間は残酷です。若さを奪い、命を奪い、記憶も奪っていきます。きっと人間は、時間に抗いたくて、消えない言葉である文字を発明したり、絵画や写真や映画などを発明したのでしょう。

喪失感をどう受け止めたらよいか、私はよくわからずにいます。

ただ私は、時々、亡くして寂しく思う人の話をすることにしています。父の思い出話を子どもたちにします。父は実はとても困った人でした。善良なのですが、自分本位に善良だったので、周囲は振り回されました。そのような父のエピソードをおもしろおかしく話します。

また、亡くなった友人との思い出も、少し漫画風にして子どもたちに話します。どんなに酒癖の悪い奴だったか、どんなに突拍子もないことをしたか。話をすることで、私の記憶を心の中に残していきます。

私の死後、誰かが、「あいつはひどい奴だった。勝手なことばかりして、尻ぬぐいを周囲にさせていた」などを言ってほしいものです。そうしたことも私にとってのうれしい供養だと思います。

心得 26

人間は、愛する人を残して死ぬか、
愛する人に死なれて生きるか。
無念で悲しいことですが、致し方ありません。

第4章

ラクに生きる心得

言葉を上手に使って、ラクに生きたい

私は言葉にかかわる仕事をしています。本を書くのが最も大きな私の仕事です。そのほか、大学入試のための小論文や小学生のための作文、外国人への日本語の指導などをしています。これらはすべて言葉にかかわる仕事です。

あまり意識されていませんが、言葉の力は絶大です。

人間関係をつくるのも言葉です。言葉によって仲がよくなったり、悪くなったりします。ある人物を魅力的だと思うのも、退屈な人だと思うのも、その言葉を通してです。恋人をつくるのも言葉、逃げられるのも言葉。信頼を得るのも言葉、失うのも言葉です。何か信頼を失うようなことをしてしまっても、言葉によってうまく言い訳すれば、許されることがあります。

トランプ大統領がアメリカで人気を得て、あれほどさまざまなスキャンダルがあるにもかかわらず、支持を失わないのも、テレビ出演して「お前はクビだ」という言葉で人気を得たからですし、ツイッターで威勢のいい言葉を発しているからです。

小池百合子東京都知事が絶大な人気を得たのも、テレビ番組での発言によるものであり、突然支持を失ったのも、「排除する」という言葉によるものでした。

言葉によって、ないものをつくり出すことができます。**「あそこにきれいな花が咲いている」と言葉で語ると、多くの人がそれを信じるのです。言葉が現実をつくり出したのです。**

言うまでもなく、小説は言葉によってありもしない出来事を、本当にあったことのようにつくり上げていきます。新聞記事は、言葉によって、それが真実だと思わせています。

言葉を上手に駆使することによって、ウソを本当のことと思わせることができます。逆に言えば真実であっても、話し方が下手だったり、文章が下手だったりすると、それを信用してもらえません。むしろ、ウソだと思われてしまうことが起こるかもしれません。

子どもに対して、「君はできる」と言い続けていれば、それが現実になるでしょう。逆に、「お前にはできない」と言い続けていたら、本当にできなくなってしまうかもしれません。**言葉は現実をつくり出す力を持っている**のです。

そして、もちろん、言葉は人を元気づけることも、逆に人を絶望させることもできます。絶望している人には、言葉によって希望を与え、再び生きていく勇気を与えることができるでしょう。逆に、言葉によって生涯にわたるほどの大きな傷を与えることもできるのです。

そもそも言葉は思考です。**言葉を上手に使えるということは、高度な思考をしているということ**です。逆に、言葉が使えないということは、きちんと考えることができていないということになります。

人は言葉によって思考し、言葉によって人を動かし、言葉によって現実をつくっているのです。多くの人がこのような絶大な力を持つ言葉を、日常的に、しかもその力を意識しないで使っています。

私はどうせなら、言葉を上手に使いたいと思っています。上手に言葉を使って考え、上手に言葉を使って人を説得し、言い訳し、ウソを本当とは思わせないにしても、本当のことを本当だと思ってもらえるように語りたいと思っています。

そして、言葉を上手に使うことによって、できるだけラクに生きたいと思っているのです。

心得 27

言葉は絶大な力を持ちます。
多くの人が、その力を意識しないで使っています。
もっと上手に使って、ラクに生きましょう。

神にゆだねて謙虚になる

私の生まれた九州はキリスト教の盛んな地域です。そのためでしょう。私は聖母幼稚園というカトリック系の幼稚園に通いました。親が信者というわけではなく、従姉たちもそこに通い、しかも、そこが母の通った女学校の跡地に建てられたものだったので、馴染《なじ》みがあったからにほかなりません。

私は五歳のころには神の存在を信じ、キリストの磔刑《たっけい》像やマリア像に向かってお祈りをしていました。もちろん、食事の前にも、お祈りを唱えていました。

かなりあとになって、私はヨーロッパの音楽や芸術に関心を持つようになりますが、もしかしたらその素地は幼稚園での環境でつくられたのかもしれません。そのような施設に通わなかった人よりも、ヨーロッパの文明に対する共感の下地のようなものがすでにあったのかもしれません。

そのようなわけで私にとって祈りというのは、幼いころから親しんだ行為でした。キリスト教の神をまったく信じなくなってからも、私は夜中、寝る前にこっそりとお祈りをしたものです。

もちろん、そのお祈りというのは、テストでよい点が取れるようにということだったり、両親からよいプレゼントがもらえるようにということだったり、心を寄せている女の子が振り向いてくれるようにということだったりしましたが、ともあれ、お祈りをしていました。

しかし、もちろんいつしか、**祈っても願いがかなえられるわけではないこと、いくら祈っても、自分で行動しなければよい結果は得られない**ことに気づき、だんだんと祈りという習慣をなくしていきました。

祈りは自分にとって都合のよいことを神様にお願いする行為ですので、実に虫のいい話です。祈って物事が解決すれば、こんなラクなことはありません。

ところが、七〇歳近くになった今、また祈りたい心境になっています。

祈るということは、実は人間のできることなどほんの少しであって、人間が自分たちの思い通りにものごとを変えることはできないとか、自分で世界を変革できると思うことの傲慢《ごうまん》さを知る行為なのではないかと、考え始めました。

祈ることによって、心が落ち着きます。あとは神にゆだねて、謙虚になります。もうこれ以上はくよくよしない。あとは神の判断なのだから、仕方がない、それを受け入れるしかない。そういう気持ちの表れが祈りだと思うのです。

人間は少し傲慢になりすぎました。自分でなんでもできると過信してしまいました。そろそろ、そのような考えを改めるべきときに、きているのではないでしょうか。

心得 28

祈りは、人間の傲慢さを知る行為。
神にゆだね、神の判断を受け入れることで、
心が落ち着きます。

気分や気持ちを静めるためのテクニックを持つ

私はたぶん不機嫌だったことはありません。少なくとも、三五歳を過ぎてからはないと言えます。

もちろん、あまりに態度のよくない学生を怒鳴《どな》ったことはあります。授業中にサンドイッチを食べていたり、ヘッドホンを耳に着けていたりしていたので、叱ったら逆切れしてきた学生がいます。そんな学生を前にしたときは不機嫌になります。が、それも実はほとんど演技としての、あるいは政治的パフォーマンスとしての不機嫌です。怒鳴っておかないと、その子たちの将来のためにならない、クラス全体に対して示しがつかないと判断したので怒鳴ったのです。

ただ、今ではそれもパワハラとみなされるのかもしれませんが。

自信を持って言えます。私は機嫌にムラのない人間です。自分の子どもたちを相手にしても、初めから不機嫌な態度をとったことはありません。子どもが話したことの内容によって不機嫌な態度をとったことはあるかもしれませんが、それも、その場が終われば、機嫌は直ります。一切、引きずりません。

ただし、悲しい気持ちは引きずります。家族の体調がよくないとき、仕事のトラブルを抱えているときなどは暗い気持ちになります。しかし、機嫌が悪いということはありません。

気分はよくなくても、機嫌は悪くありません。気分や気持ちは自分の心の内部の事柄です。それはもちろんよかったり、悪かったりします。しかし、**機嫌というのは、他者に対して示す気分です。私は自分の気分や気持ちを外に示そうとは思わないのです。**外に示すときには、文章に書いたり、語ったりします。しかし、仕事の場で、それを相手にぶつけません。

その根本にあるのは、「自分も偉そうなことは言えない」という意識です。誰かが不愉快なことをしたとしても、私が若いころ、きっともっと不愉快なことを大人に対してしていたでしょう。「昔のオレに比べれば、こいつのほうがマシだな」と思うと、怒れなくなります。怒っても気持ちを収めます。

それでも気分を立て直せずに、機嫌が悪くなりそうなとき、私には心を静めるために使える二つのテクニックがありました。

昔、私が悩める高校生だったころに習った「一身一生和気清浄」という言葉があります。苛立つことがあったり、腹立たしいことがあったり、自分の感情を抑えられないようなことがあったら、全身の力を抜いて、「一身一生和気清浄」と唱えるのです。体の力を抜くのがポイントで、だらんとします。そして、この言葉を唱えます。これがどのような意味なのか知りません。もしかしたら、何かの宗教にかかわる言葉なのかもしれません。が、ともかく心を無にしてその言葉を唱えます。

もちろん、この言葉である必要はありません。人それぞれで、なんでもいいのです。心を静める言葉を口ずさんでみてください。

もう一つのテクニックは音楽を聴くことです。バッハの無伴奏チェロ組曲を、心を静めるものとして使っていたこともあります。心をコントロールできないとき、外にいるときであってもイヤフォンを着けこの曲を聴きます。そうすると、心が落ち着き、気分を切り替えることができました。

現在では、そのようなことをしなくても、自分の感情をコントロールできるようになりました。いいえ、どうも修練を積みすぎたようで、むしろ今は、体がだらんとしすぎて気合が入らずに困っているほどです。

心得 29

たとえ不愉快なことをされたとしても、若いときに、自分も不愉快なことをしていたはず。だから、人に対して怒れません。

ぼんやり過ごす時間は人生の贅沢

しばらく前のことですが、時間の使い方についての本を書くように依頼されたことがあります。どうやら、大学で仕事をしながら、本を書き、音楽も聴いている私が、効率よく時間を使っているように見えたようです。しかし、私は、「時間の使い方なんて考えたこともない。いつもぼんやりして過ごしている。私には書く資格がない」と答えてお断りしました。

もし、私が効率的に仕事をしているように見えるとすれば、それはできるだけ手を抜いているからにほかなりません。**手を抜けるところは手を抜くというのが、私のやり方です。**

ほとんどの仕事で満点を取る必要はない、と私は思っています。満点にするためには膨大な時間が必要です。抜かりがないように何度も点検をしなければなりません。

しかし、七〇点でいいのです。最悪なら六〇点でも合格です。八〇点を超せば立派。あるいは、仕事のうち三割の確率で成功させれば超一流。二割成功でも十分。今回が不合格だったら、次回また挑戦すればいい。そう思っています。**今度は満点でなくても、何度か繰り返すうちに、完璧なものにすればいい。**

そう思っていれば、それほど完璧を期する必要はありません。使う時間もずっと短くてすみます。一〇〇点にするために必要な時間が一〇時間だとしても、六〇点でよいと考えると、一時間か二時間ですみます。

そして、もう一つ、私はなるべく人任せにします。他人の仕事を自分で引き受けるようなことはしません。そして、部下に任せたら、なるべく褒《ほ》めるだけにして、それにケチをつけるようなことはしません。そうやってこそ、若者は育っていきます。

そもそも私は効率よく時間を使いたいとは思いません。むしろ無駄なことばかりしています。私は何よりもぼんやりした時間が大好きです。仕事をしない、本を読んでいるわけでもない、ただぼんやりと外を見ている。あるいはベッドで横たわっている。

そんな時間ほど、至福のときはありません。

人間は労働のために生きているわけではありません。何かをするために生きているわけでもありません。むしろ、**何もしないというのが本来の生命の在り方だと思います。せっかく何もしないでよい時間があるのなら、存分にそれを味わいたい。**それが人生の贅沢だと思います。

前述した通り、私は旅が好きです。旅というのは、言い換えれば、無駄な時間を使うための行為だと思うのです。行かなければ行かなくてもよいところに、わざわざ足を運び、そこでぼんやりと過ごし、まったく生産性のない時間を過ごすからです。

心得30

効率よく時間を使いたいとは思いません。
無駄なことばかりしている時間が、
私にとって、至福のときだからです。

短期目標の積み重ねが、達成のコツ

無理をしないというのが、私の生き方ですが、そうはいっても自分に甘えて何もしないわけではありません。無理のない程度に計画を立て、自分なりに仕事を進めていきます。

その場合に、私が意識しているのは、短期目標と中期目標と長期目標を立てることです。辛かったら変えてもよい〝ゆるーい〟目標ですが、何はともあれ、目標を決めます。

頭の中だけで考えていると、どうしても忘れてしまったり、ぼやけてしまいますので、メモとして書いておくほうがよいようです。

例えば、今、私はこの本を書いています。いつまでに全体を書き終えるかの長期目標を立てます。そして、それとの関係で、今週中に最初の二〇ページを書こうという中期目標、さらに、今日中には二項目を書こうというような短期目標をつくります。もっと短期に、午前中の一一時までに、ここまで仕上げようと目標を定めることもあります。

おそらくこのようなことは誰もがやっていることだと思うのですが、それをもう少し意識的にやってみます。

多くの人が長期目標を持ちます。英語をマスターしたい、楽器が弾けるようになりたいなどなど。しかし、それではいつまで経っても達成できないでしょう。ですから、意識的に短期目標をつくります。しかも、**達成しやすいように、簡単なものにし、楽しんで行動できるようにします。そして、それを少しずつ増やしていくといいでしょう。**

私はそうするためには、単元を決めるのが上手な方法だと思っています。単元とは、教科書や学習教材における、一章や一節などを指します。

例えば英語の教材などでは、「レッスン1」「レッスン2」というように、少ない単位を進んでいきます。そうすれば、一つのレッスンはそれほど負担になることはありません。よいテキストであれば、無理なく進めて、力がつくようにできているでしょう。

たとえテキストがないものであっても、そのように、自分で短期の単元をつくってみるのです。

つい先を急ぎたくなることがあります。ですが、そうすると、身につかないまま先に進むので、不明点が出てきたときに、逆戻りが必要となることが起こります。**焦らず、少しずつ、欲張らずにゆっくりと実行していったほうが、結局、効率がいい**と言えるでしょう。

年齢を重ねると、大きな目標を設定して、それを組み立てるのは難しくなります。体調を崩してしまうかもしれないという心配も起こってくるからです。そのような場合には、短い作業をいくつも積み重ねるようにします。

私は本書を、一つの単元ずつ書いています。一冊の本を組み立てるのは労力も必要であり、なかなか進みません。ところが、この本のように、いくつもの単元に分けると書きやすくなります。一つの項目ずつ書いているうちに、溜まれば一冊の本になるというわけです。
そんなふうにして、目標達成のための作業を進めてみてはどうでしょう。

心得31

トシをとると、大きな目標を立てても、達成できないことが多くなります。小さな作業を積み重ねて、達成しましょう。

リタイア後にしたいことを持つと、今が楽しい

私はいったんはリタイアした身です。六五歳で大学を定年退職しました。のんびり暮らそうと思っていたところ、新たな仕事の話があり、とても魅力的だったので、喜んで引き受けました。完全リタイアをするのは、もうしばらくお預けということになりました。

とは言え、これから先は、自分の老いと相談しながら、できる仕事をしていくことになります。

自分では老いたと思いたくない、思われたくもない。しかし、仕事についていけなくなり、周囲に迷惑をかけてしまう。そんなことがあるでしょう。そのような兆候に気づいたら、さっさと本当にリタイアしようと思っています。

そして、もしまだ**経済的に働くことが必要という状況であれば、老いた自分でも通用するような仕事を見つけることにします。**それがなければ、仕事を辞めようと思っています。

リタイアはまだ先のことになってしまいましたが、もちろん私はリタイアを楽しみにしています。これまで、ずっとしたいことを我慢してきました。仕事をしている間は経済効率優先の中にいたので、お金のことを度外視して、自分の好きなことだけするということはできませんでした。

リタイア後、私は、まず書きたい本を書こうと思います。今まで、かなり大量の本を書いてきましたが、本当に書きたいものはまだ書いていません。売れそうにもない、ただ自分のためだけに書いておきたい題材なので、これまで出版関係の人に話をしても、前向きな返事をもらえませんでした。でも、いよいよそれを書きたいと思っています。

もし本にできるのなら、してもらいます。場合によっては、自費出版になるかもしれません。もちろん、それでよいと思っています。

もう一つしたいことがあります。それは仏教、とりわけ禅宗の勉強です。

学生のころ、ふと読んだ大乗《だいじょう》仏典（大乗仏教の教えを説いた経典）に強く惹《ひ》かれました。仏教哲学者の鈴木大拙《だいせつ》の著書を数冊読んで、その世界の深みを知りました。そのほかにも何冊か関係書を読んだのですが、読めば読むほど魅力を感じました。「真実はここにある！」とさえ思ったものでした。同時に、そのあまりの難解さについていけなくなりました。

当時、私はフランス文学を学んでいました。しかも、西洋文化の教養の中で育っていました。魅力を感じながらも、自分のそれまでの知識にとって役に立たない仏教を勉強する余裕を持てませんでした。

その後、四〇年以上、横目で仏教の世界を見ながらも、あえてまったく触れずにきました。が、そろそろ本格的に勉強してもよいかもしれません。

難解なので、一人で学ぶのは難しそうです。大学か大学院か、あるいはなんらかの施設に通ってきちんと基礎から学びたいと思います。ただ、その難解な文章を理解するだけの知性と、それを読み解こうとする意欲が、私が完全リタイアするときに残っているのかが心配です。
そのときには、私の得意な逃げの手を打って、仏教の本格的な研究はあきらめ、日本各地、世界各地の仏像を見て回ることで、仏教の世界に浸り満足することにしようと思っています。

心得32

やりたいことがあるから、リタイア後が楽しみ。
でも、老いと相談して、やってダメだったら、
あきらめようと思っています。

苦手な人を好きになろうとしても、無理

人間には好き嫌いがあります。これはいかんともしがたいことです。馬の合う人、合わない人、一緒にいると楽しい人、不愉快で仕方がない人、おもしろい人、退屈な人。もちろん誰からも嫌われている人もいますが、ほとんどは相性の問題です。そして、多くの場合、こちらが嫌っている場合、相手もこちらを嫌っているでしょう。

人を嫌うべきではないと考えている人がいるようです。「みんな仲よくするべきだ。そうしてこそ、うまくいく」、そう思っている人が多そうです。しかし、嫌いな人を好きになるのは、嫌いな野菜や動物（例えばゴキブリやネズミ）を好きになれないのと同じように難しいことです。私はむしろ、「好きにならなければいけない」という思いがストレスを高めているのだと思います。

好きになるべきだとは思わない。嫌いでも構わない。そう考えるのです。言い換えれば、密着しないことです。密着するから、相手の言動にイライラします。腹が立ちます。相手に何かを期待するから、相手がそれに反するときにムカつきます。

相手が自分とは無関係と思ってしまえば、特に腹が立ちません。自分の仲間、自分の家族のように思うから、自分と別の価値観を持っていたりすると違和感を覚えるのです。

とは言え、小さい集団の中で仕事などの活動をする場合、どうしても嫌いな人と行動をともにしなければならないときがあります。二人でチームを組んで仕事をしなければならないのに、その人が嫌いでたまらないといったことも、実社会ではしばしばあることです。もし、選択ができるのであれば、それを断ればよいのですが、現実にはなかなかそうはいきません。

もちろん私にもそのような経験があります。

私が乗り越えられたのは、ちょっと言葉は悪くなりますが、「かくなるうえは、この人を徹底的に利用してやろう」と考えたからでした。精神的に好きになるのは無理なので、実利的、打算的に付き合って、その人から利益を導き出し、それを自分の利益につなげようと思ったのです。

つまり、**精神的にではなく、ビジネスライクに付き合おう、距離をとって付き合おうということです。そうするとうまくいくのです。逆に言うと、精神的なつながりを持とうとしているから、相手に不満を持ち、不愉快になるのです。**

しかも、利用してやろう、こいつの能力をうまく自分のために使ってやろうと思っていると、その人のよいところが見えてきます。精神的に密着していたのでは気づかなかった魅力もわかってきます。そうすると、嫌いだったところもさほど気にならなくなってくるのです。

ただ、それでも、うまくいかないことがありました。やはり、イヤな奴すぎて、利用しようという気にもなれないのです。いえ、そもそも利用しようにも利用する中身がないのです。

そのときには、私は「このイヤな奴を楽しんでやろう」と思ったのでした。どんなイヤなことをするのか、ドラマの中の悪役の行動を見るように楽しもう。そして、せっかくだから、そのイヤな行動をいちいち書き留めておこう。そのうち誰かに話したり、本にして発表したりしてやろう。そのように思ったのでした。

これもまた、そうすることによって、その人の可愛げのある部分が見えてきたりするのです。そのようにしていると、いつのまにか「仲よくしなければならない」という強制から解き放たれ、もっと自由に人と付き合えるようになります。

心得33

嫌いな人を、「好きにならなければいけない」と考えるとストレスになります。
ビジネスライクに距離をとって付き合いましょう。

自分だけの物理的な居場所を確保する

人間にとって居場所がとても大事だということをしばしば感じます。四〇年近く前のことになりますが、絶望的な気持ちを抱いてうつうつとしていた時期があります。そのとき、切実に「自分には居場所がない」という思いを抱えていました。

家の中に居場所がない。仕事場に居場所がない。そのほかの外の世界に居場所がない。どこにも居場所がない。そう思って、いたたまれない気持ちになりました。

居場所には二つの意味があります。一つは文字通りの居場所です。座る席、いつも使うテーブル、同僚や知り合いとおしゃべりする喫茶店、のんびりと空を見上げる公園のベンチ……。もちろん、いつも同じ場所である必要はないのですが、何かしら安心できる場所が必要です。

もう一つは社会的な位置です。人間は何かしら集団の中で生きているわけですから、その集団の中で、どのような位置を自分が占めているかを気にかけます。言い換えれば、前述した「役割」と言えるでしょう。課長、係長、主任というような会社での肩書はもちろん役割ですが、それ以外にも「頼れる先輩」「ムードメーカー」「場を和ませる」「時々よいアイデアを出す」「積極性がある」など、チームの中での役割があるでしょう。

このどちらの居場所もなくすと辛いものです。物理的な居場所をなくすと、あちこち移動しなければならず、落ち着けなくなります。社会的な居場所を失うと、自分の存在感を失い、自分をいてもいなくてもいい存在、あるいはいないほうがいい存在と感じてしまいます。

この二つの居場所は連動しており、物理的な居場所をなくすと、社会的な居場所に自分で疑問を持つようになります。

ですから、会社などで自分の席順、自分の座る場所の位置に敏感になります。**居場**

所の変化によって自信を喪失したり、意欲をなくしたり、時には引きこもりになったりします。

私は物理的な居場所を持つことを心がけています。まずは、中心的な居場所、すなわち本部となる居場所を一つ確保します。基本的には自宅です。会社で仕事をしている人は、自宅に自分のスペースを持てず、帰宅しても子どもや配偶者に占拠されていることも多いでしょう。それでも、私は自分の居場所を確保するべきだと思います。狭い空間でもいい、机一つでもいい、それがないと自分を保つことができないのではないでしょうか。

そのほかは、仕事場、趣味の場、友達と話をする場、よく行く図書館や書店、行きつけの喫茶店、レストランや居酒屋、眺めのよい公園のベンチなど。そこを居場所と感じられるように、できれば同じ席を確保したいものです。事情が許すのでしたら、常連になって占有席のようにすると、とても居心地がよくなります。

町の料理屋さんなどに行きますと、いつも同じ席に座っている常連さんを見かけることがありますが、あれは居場所をつくっているのです。

居場所をたくさんつくる理由は簡単です。一つの場所の居心地が悪くなっても別の場所があると思うと、気楽だからです。特定の場所だけですと、どうしても息苦しくなります。自由になれません。こうしていくつかの落ち着く場所を確保して、そこで過ごす時間を増やします。

物理的な居場所を確保することで、自分の役割が生じてくると思います。

心得34

居場所を持つことは、とても大切なこと。
本部となる居場所は、まずは自宅。
自分だけのスペースを確保しましょう。

人間には、「遊び心」がないと危険

「遊び心」が危機に陥っている。時々、そのように思うことがあります。

昔々、私が小学生だったころのことです。ラジオを聴いていた母がおかしそうに笑っていました。何がおかしいのかと聞いてみたら、男性コメンテーターが理想の妻というのはどんな妻かと聞かれて、「若くて、きれいで、料理が上手で、気立てがよくて、しかも若死にしてくれる女性」と答えたというのです。

小学生の私は、なぜ若死にしてくれる女性がよい妻なのかと聞いたところ、「また新しい妻をもらえるから」ということでした。

それから六〇年ほど経った今、この男性のようなことをラジオで言おうものなら大変なことになります。ラジオに二度と呼んでもらえないどころか、公的な地位を追われかねません。

私は昔の社会の懐の深さに圧倒されてしまうのです。これも一つの遊び心でしょう。まさか、ラジオで話をした男性は、本気で早死にする妻がありがたいと思っているわけではないでしょう。そして、これが男の身勝手で、勝手な都合だということもわかって言っているでしょう。言わば一つのブラックユーモアとして語っているはずです。それを当時は笑って聞いている余裕があった。今はそのような遊び心を許容しなくなった。そう言えると思います。

もちろん、私はこの男性の発言に賛同しているわけではありません。しかし、**ちょっとした失敗や失言やブラックジョークがすべて攻撃され、生真面目なことしか発言できなくなってしまう社会は、息苦しいと思ってしまうのです。**

そして、みんながもっと遊び心を大事にしてほしいと思うのです。生真面目に人生を考えないで、斜に構えてブラックジョークを言ってもいい、そして、それを笑って聞いてやってよいと思うのです。度が過ぎるときには、「馬鹿だね、お前」とけなしてやればいい、いちいち道徳的に非難する必要はないと思います。

仕事も遊び半分で結構。時々、油を売って、どこかにこっそり出かけたり、どこかでさぼったりしていてもいいではないですか。とは言え、仕事に関することはお金が絡んできますので、シビアな面が必要だとは思いますが、日常生活ではそれでよいと思うのです。とりわけ高齢者の生活においては、遊び半分でまったく構わないでしょう。

つい真剣になってしまったら、そのような自分を笑う余裕もほしいものです。**真剣な自分を笑うということは、客観性をなくしてしまった自分に、客観性を呼び戻して、自分をはたから見るということ**です。遊び半分ということは、のめりこまずに、ちょっと余裕を持つということです。

人間、遊びがないととても危険です。

自動車の運転免許をお持ちの方はご存じでしょう。ハンドル操作に「あそび」と呼ばれるものがあります。ハンドルに「あそび」がなくて、左にハンドルを切ると即座に左に移動してしまうというシステムでは危険です。遊びがあって、すぐに反応しないからこそ、さまざまな面で安全でいられます。「遊び」という言葉を「余裕」と言い換えてもよいでしょう。

私が魅力を感じるのは、遊びの部分が多くて、「ゆるーい」社会です。ちょっと失敗しても、ちょっと失言しても、それを全否定するのではなく、上手にたしなめ、まあまあということでなんとかうまくやっていく社会です。

遊びを大事にすることによって、そうした社会が維持できると思うのです。

心得 35

みんなにもっと「遊び心」を持ってほしいのです。
失敗や失言にも笑える余裕が、
生きやすい社会をつくることにつながります。

第5章
老後の不安を消す心得

老後は意地を張らずに、人に甘える

人生一〇〇年時代と言われます。他人事ではありません。私の父方の祖父も母方の祖父も、そして父も母も九〇歳過ぎまで生きました。この分でいくと、私も九〇歳過ぎ、そしてもしかすると一〇〇歳過ぎまで生きる可能性があります。私は今、六八歳なので、一〇〇歳まで、あと三二年ぐらい生きるかもしれないのです。気が遠くなる思いです。

私は、母の入っている老人ホームに週に一、二回、顔を出しているのですが、そのたびに、九〇歳を過ぎて生きることの重みや、高齢者問題の重みを感じます。口で言うのは簡単なのですが、九〇歳を過ぎて生きていくのも、それを支えるのも大変なことです。

私が考えているのは二つのことだけです。

まずはできるだけ健康年齢を引き延ばしたいということです。やはり、人間として生きてきたからには、健康に過ごしたいと思います。自分の意思で行動し、自活したいと思います。

そして、健康でいる間は、マイペースで仕事をしたいと思っています。そこでお金を得られるのでしたら、なおのことありがたいことです。

考えている二つ目のこと、それは**健康を保てなくなったら、意地を張らずに他人に甘えようということです。**

一〇〇年生きるということは、現在の状況では、自力で生活できなくなる期間が増えることを意味しています。そうなったら、じたばたしても始まりません。自力でやろうと無理をして周囲に迷惑をかけるよりは、おとなしく運命に身をゆだねようと思います。

私の友人に、「一人で生きていけなくなったら、さっさと死にたい」「家族の厄介にも、社会の厄介にもなりたくない。社会の役に立たなくなったら、ピンピンコロリで死ぬのが一番」と言う人がいます。もちろん、その気持ちはよくわかります。しかし、それは虫のいい話だと思うのです。

成人が手助けをして、赤ん坊やお年寄りは生きていくものなのです。古来、そうやって人類は生活してきました。

人間というのは、人に支えられなければ生きていけない存在なのです。成人して一人で生きている期間が長いために、独立して生きるのが人間の姿だと思っているかもしれませんが、そうではないのです。

もちろん、できる限りは自分で行動したいと思います。しかし、誰かが手助けしてくれるのであれば、それを拒んだりはしません。喜んで受け入れます。

私はそれなりに家庭を築いてきました。それなりに働いて社会に貢献してきたつもりです。仕事をしたということ、そしてそれなりに税金を払ってきたということは、私が自分の生きてきたその時代を支える一人だったということです。言い換えれば、その時代の子どもを育て、高齢者を支えてきたわけです。

それが、次の時代に移って、私が高齢者になったのですから、今度は私が面倒を見てもらって当然でしょう。**意地を張る必要はありません。負い目に感じることもありません。順番として、私が福祉なり、家族なりの厄介になる番です。**

ただ、介護を受けるようになったら、介護者にはしっかりと感謝の気持ちを表します。それが礼儀というものでしょう。

心得 36

介護されることを拒んだりしません。喜んで受け入れます。自分が面倒を見てもらう順番になったということだからです。

子育てにかかわれなかった分を、孫育てでお返し

私は家族一番で過ごしてきたつもりでした。子どもができてからも、初めのうちこそ実感を持てずにいましたが、検査によって息子に神経芽腫という一種の小児がんが発見され、放置すると死に至る病であることを知ったころから、父親としての自覚が生まれてきた気がします。そして、娘が生まれると、妻一人では上の子どもを見きれなくなります。私としては、できる限り手伝って、妻が下の子どもを見ているときには、上の子どもの面倒を見たりしたものでした。

ところが、最近になって私は、妻の衝撃的な言葉を聞きました。妻は、「あなたの育児の参加はゼロだった。私は〝ワンオペ〟で育児をした」と言うのです。

いやいや、私は子どもたちを風呂にも入れたし、おむつも替えたし、遊びにも連れ

出したし、いろいろとあやしたりしたではないか、と思うのですが、妻はそうは言いませんん。私は半分とは言わないまでも、三分の一くらい育児にかかわったと思うのですが、妻はそう思っていないようです。

確かに、子どもが小さかった時分、私は猛烈な忙しさの中にいました。当時、自分の会社を立ち上げ、予備校講師を掛け持ちし、週に六日働き、予備校の長野校舎に毎週通っていました。時には家に帰る時間がなくて、ホテルに泊まったり、仕事場に泊まったりしていました。しかも、家に帰ったらまた生徒の小論文の添削をし、原稿を書き、授業の準備をしていたので、疲れきってさっさと寝ていました。私が育児にかかわっていたのは、家にいて余裕のあった時間のうちの三分の一ですから、時間全体からすると、確かに妻の言うように限りなくゼロに近いわけです。

のちに、子どもたちからも、「ほかの人はお父さんと遊んだ経験を話したりするけど、うちはそんな記憶がまったくない」と言われました。その通りなのでしょう。

私にも忙しい時期があったわけです。しかし、六〇歳を過ぎた今は違います。よくも悪くも、あのころより時間的な余裕があります。日本社会全体も、もう以前の私のように仕事をがんばる時代は終わっています。

子どもたちに対してできなかったことは、孫ができたら、お返ししようと思います。ただ、**あまりに口出ししすぎると迷惑でしょうから、ちょっと距離を保ってかかわっていきたいと思っています。**

家族、友人があってこその自分です。もう子どもたちは社会人ですので、これからは私が家族を支えるのではなく、私が支えられる立場です。育児にはかかわれませんでしたが、ともあれ家族を支えてきましたので、これからは堂々と支えてもらおうと思っています。

心得 37

子育てをほとんどできなかったのは、
家族を支えるために、仕事をがんばってきたから。
これからは堂々と家族に支えてもらいます。

愛するものがあることは、生きるエネルギーになる

生きる気力がなくなることがあります。私自身もかつて人生に絶望したとき、生きる気力をなくしました。

高齢になり、生きるエネルギーが失われている人もいます。私も、これから先、生きる気力を失うのではないかと心配です。

私は、いつまでも人生を愛し、自由に気ままに生きて、幸せを甘受したいと思っています。少々他人に迷惑をかけてもいい、我慢しないで好きなことをしたいと思っています。が、生きる気力を失ってしまったら、そのような生き方もできなくなりそうです。

そうならないためにも、私は愛するものを増やしておこうと思います。

もちろん、生きる気力がなくなると愛情も持てなくなるでしょう。しかし、生きる気力と愛情は相関関係にありそうです。

これまで愛したものを愛せなくなる、好きなものが減ってくる、つまり愛情の総量が減ってくる、そうすると生きるエネルギーがなくなってくるという面もきっとあると思うのです。

人生に絶望して生きる気力がなくなったとき、高齢になって生きるエネルギーが失われたとき、ちょっと意識的に愛する対象を見つけ、一層愛するようにすればよいのです。愛が深まれば、また生きる気力が生まれてきます。

人生に絶望しているとき、愛する人に出会ったり、愛する事柄に出合ったりして、生きがいを見つけていくのです。愛するものを失わなければ、生きるエネルギーは取り戻せるのです。

自暴自棄になって罪を犯す人がいます。無差別殺人などはこの類でしょう。そのような人はおそらく半ば自殺を志願しているのでしょう。愛するものを持たないので、生きる気力を持てず、また自分を愛することができないのです。だから、周囲の人を巻き添えにして不幸にしようとするのでしょう。

それほど極端ではなくても、他人を平気で傷つける人がいます。きっとそのような人たちは、自分に対して安定した愛情を持てずにいるのでしょう。自分の命に対しても、自分自身に対しても他者に対しても愛情を持てず、自暴自棄になって波乱を起こしてしまうのです。

自分に対する愛情は周囲にも広がります。自分を愛する人は他者を愛することができます。他者への愛情と自分への愛情は裏腹です。

「心の寂しい人」がいます。そんな人は、他人に対して粗探しばかりをしてすぐに攻撃し、つっけんどんな態度をとり、世の中を憎んでいるように行動します。人生に楽しみを見出しているようには思えません。きっと愛情をたくさん持っていないのでしょう。

そんなタイプの人は、テレビドラマなどに登場する人物像では、決まって犬だけをかわいがっていたり、盆栽だけに愛情を注いでいたりします。

犬や盆栽だけにしか愛情を持っていないから、心の寂しい人なのです。もっと多くの対象を愛することができたら、寂しい人でなくなり、周囲を幸せにし、自分自身も幸せになるはずです。

心得 38

愛情の総量が減ってくると、生きるエネルギーがなくなってきます。意識して愛するものを増やしましょう。

実は年金だけでも、充実した生活が送れる

「年金だけでは老後の生活には不足であって、そのほかに二〇〇〇万円必要」という金融庁の報告が問題になりました。この問題が政争の具にされたのはとても残念なことです。

厚生年金に加入している人は、もう少し余裕があるかもしれませんが、私のように人生のほとんどの時期をフリーランスとして生きてきた人間は、国民年金が頼りであり、その年金は微々たるものです。妻と合わせてもさほどの額にはなりません。幸い、多少の蓄えはありますが、それがなければ路頭に迷うところです。年金問題は早急に議論を重ねるべき問題です。

とは言え、**高齢になったら、それほどのお金はかからないのではないかとも思う**の

です。

今、私はまだ働いていますので、必要な本を購入し、好みのＣＤやＤＶＤを購入しています。外に出る機会が多いので、外食をします。衣服などさまざまなものを購入します。経済的にも多少の余裕がありますので、コンサートにも海外旅行にも出かけます。交際もありますので、祝い金を渡したり、食事をともにしたりします。たまに贅沢《ぜいたく》もしたくなります。

が、高齢になると、外出はだんだんしなくなるでしょう。すでにコンサートや旅行も億劫《おっくう》に感じることが増えてきたので、あと一〇年もしたら、出かける意欲も減ることでしょう。

きっと私は一〇年後には、月に一、二回しか外出せず、自宅で本を読んだり、音楽を聴いたり、テレビで放映される映画や、レンタルビデオで借りた映画を観て過ごすでしょう。本やＣＤなどは図書館で借りるか、レンタルショップで借りればすむことです。いいえ、本は手持ちのものを読み返せばいいし、放送される音楽番組や映画でも十分に楽しめます。

食事にも服装にも、お金はそれほどかからなくなるはずです。ちょっと流行遅れかもしれませんが、手持ちの服だけで、あと三〇年くらいは十分に暮らしていけるでしょう。

私の義母は栃木県の農村で暮らしています。すぐ近くに長男夫婦が住んでいますが、九一歳の現在まで基本的に自活して生活しています。病院通いや大きな買い物などには息子夫婦の手を借りていますが、年金だけで生活して、特に不自由はしていないようです。むしろ、年金を十分に使いきれずにいます。

人と過度な交際をせず、贅沢な物を買わず、普通に生活していれば、年金だけで困ることはないのでしょう。 都会で暮らしている人の場合、公共施設が整っていますので、農村よりもむしろ充実した生活が送れると思います。

中には、そうした生活を、以前の生活に比べて「みじめだ」と思ってしまう人がいるようです。しかし、それは生活を変えただけであって、まったくみじめなことではありません。そのような老後の生活の中で楽しみを見つければよいのです。言うまでもないことですが、**お金を使うばかりが楽しみではないはず**です。

私は自分が稼いだお金を、子どもたちに残したいとは思っていません。父から引き継いだ財産が多少ありますので、それはできれば子どもたちに残したいと思っていますが、それ以外は使いきって死んでいきたいと思っています。
もちろん、使いきれずに逝《い》ってしまったら、妻や子どもたちに残すことになります。ちょっと悔しいですが、それはそれで仕方がありません。

心得39

高齢になれば、自然と外出をしなくなります。
お金を使うことも少なくなるでしょう。
それはみじめなことではありません。

来るべき孤独のときに、「一人っ子」は強み

私は一人っ子です。どういう事情でそうなのかは、両親にはあえて尋ねたことがありませんので、よく知りませんが、いずれにせよ、ずっと一人っ子として生きてきました。

よく言われる一人っ子の特徴を持っていることを、十分に自覚しています。甘ったれで、わがままで、根性がなくて、意気地なしで、人とのコミュニケーションが苦手です。

子どものころは親の愛情を一身に受けていました。ですから、教育などにお金をかけてもらうなど、プラスになることはたくさんあったと思います。

しかし、これは小さいころにはありがたいことですが、反抗期に差しかかるころか

ら実に厄介なことに思えてきます。親の愛情が重荷になってきます。うっとうしくて仕方がありません。

引き離しても引き離しても、親が愛情を注いできますので、どうにもなりません。子どものころに学校の成績が少しよかったりすると、今度は愛情だけでなく、親の期待も一身に背負うことになります。これは一層の重荷です。

そして、近年になって痛感しているのが、一人っ子に親の介護という問題が降りかかってくることです。兄弟がいれば責任が分散されるところなのに、一人っ子ですと、一人で親の面倒を見なければなりません。両親が長寿の場合には、一人で二人の介護ということになります。

幸い私には妻がいますので、妻にかなり面倒をかけていますが、もし独身だったりしたら、これは大変なことになります。

ですから、一人っ子が得か損かということになって、生涯を考えると、どちらとも言えないということになります。

ただ、私が一つだけ、**一人っ子でよかったと思っていることがあります。それは、**

子どものころから孤独に慣れていることです。

私は一人でいることがまったく苦になりません。それどころか、何かあると、ともあれ一人になりたいと思います。それは当然のことです。家でも、自分の部屋を与えられ、子どものころから、そこで一人で遊んだり、本や雑誌などを読んだりしていたのですから。

私はクラシック音楽を聴くことが好きであり、読書が好きであり、一人でものを考えたり、何かを書いたりすることが好きです。きっとこれは一人っ子であることと関係があるでしょう。

これから、**いやおうなしに孤独の時代になります。配偶者がいても、ずっと二人でいられるとは限りません。**配偶者と一緒にこの世を去ることがあるとすれば、それはきっとなんらかの大きな悲劇が起こった場合であって、通常はどちらかが先に死にます。残された者がその後、孤独の中で生きていくわけです。

配偶者のいない人は、孤独を続けます。たとえ子どもがいても、子どもの生活の中には入っていけないことが多いはずです。

そのような時代に、孤独に慣れているというのは、かなりの強みになるはずです。そばに誰もいないのが当たり前、大人になってからは誰にも頼らずに生きているのですから、むしろ独立心ははぐくまれています。

私はこの利点を、老後にいかしていきたいと思っています。

心得40

最後はみんな一人になります。孤独に慣れていると、老後は、寂しいと思わずに暮らせるでしょう。

田舎を知っていることは、今の私の誇り

私はずっと「田舎者意識」を抱えて生きてきました。それが大きな劣等感でした。自分で田舎者意識について語れるようになったのは、四〇歳を過ぎてからだったと思います。それまでは恥ずかしくて、自分の意識を口に出すことはできませんでした。

私は大分県日田市で生まれました。父が大分県内を転勤する公務員でしたので、五歳のとき、同じ大分県の中津市に移転しました。そして、小学校五年生から高校を卒業するまで大分市で過ごしました。

東京から見ると、日田も中津も大分も、同じ大分県の田舎町です。しかし、中にいる人間はそう思っていません。日田から中津、大分に移転したということは、山の中の小都市から少しずつ都会に引っ越していったということです。必然的に、ずっと田

舎者意識を持たざるを得ませんでした。

日田市と中津市。同じ大分県内ですが、日田市は山間部であり、むしろ福岡県の久留米との交流のほうが多いためか、言葉も博多弁に近いものがあります。私が子どものころは、「アメが降りよるばい（「飴《あめ》」と同じように、メにアクセントがかかります）」「そっちんほうがよかと」などという言葉を使っていました。

ところが、少しだけ都会の中津に行くと、こちらは瀬戸内文化圏と言えるような地域で、むしろ広島弁として認識されているような言葉を使います。訛《なま》りをからかわれました。

次に大分市に引っ越したのですが、地域のデパートのエスカレーターに恐る恐る乗り、エレベーターに驚き、屋上の遊園地に目を見張りました。なんと都会なのだと思いました。そこに住んでいる人たちみんなが都会人に見えました。

小学校の友人の家に遊びに行って、ケーキを食べ、パジャマを着ている生活に驚きました。私は自家製のあられを食べ、母のお古で作った和式の寝間着を着ていたからです。

そして、高校を卒業して、東京の大学に通うようになりました。一〇歳のころに大都会に見えた大分市が、東京からすれば辺鄙《へんぴ》なところだと知りました。東京ではもうずっと前から使われなくなった一〇〇円札が親からの仕送りに入っていました。それを使うのが恥ずかしくてたまりませんでした。

帰郷した際に持たされる土地のデパートの袋を、東京で持ち歩くのも苦痛でした。東京に出て数か月で、東京言葉を使い、ずっと東京で暮らしているような顔をして生きていました。

そのころは田舎者である自分を恥じ、田舎のすべてを退屈で閉鎖的と考えていました。そこから逃れることを求めていました。しかし、四〇代ごろから、自分が田舎者であること、ずっと劣等感を抱えて生きてきたことを語れるようになりました。田舎のよさ、田舎を知らない都会人の視野の狭さも認識しました。

今、私が感じているのは、田舎を知っているという誇りです。それは言い換えれば、農業社会としての日本を知っているという誇りでもあります。私と同世代の人も、都会で育った人は戦後の貧しい農村社会の状況を知りません。その息苦しさも、そのみじめさも、そしてその人間的あたたかさも知りません。悪いところもひっくるめて、私はそれを知っています。

同時に、**都会人のつもりで生きている現在の日本人の心の奥に、よくも悪くも、まだ以前の日本の心が隠されているのを感じます。**今では私はむしろ、そのことを語って、多くの人にそのことを知ってほしいと思っているのです。

心得 41

農村社会の息苦しさ、みじめさと同時に人のあたたかさを知っています。
都会人のつもりで生きていく必要はありません。

封印してきたことにチャレンジ

私は歌が下手です。子どものころから下手でした。父も信じられないほど歌のセンスがありませんでしたから、きっとこれは血筋だと思います。

しかも、私は小学校のころからクラシックファン。紅白歌合戦を、生まれて今まで、一度も見たことがありませんし、テレビでも流行歌が歌われる番組を見たことがありません。カラオケには一度だけ強制的に連れて行かれて懲《こ》りました。

もちろん、歌うのが好きでだんだんとクラシックに興味を持つようになった人も多くいますが、私のように、先に耳でクラシック音楽に親しんだ人間は、歌はあまり歌わないと思います。好きな歌は難しすぎて歌えませんし、好きな歌手の超絶的な声を聴いていると、自分で歌おうという気にはならないものです。

ただ実は、歌について一つ自慢話があります。

大学に入ってすぐのころです。私は芝居の演出家か映画の監督になりたいと思っていました。そんなとき、ある小さな劇団の新人募集の広告が目に入って、試験を受けてみる気になりました。ともあれ役者もやってみようと思ったのでした。

そこでせりふを読まされたり、パントマイムをさせられたりしたのですが、あと一つ、歌の試験がありました。ところが、私は歌を知りません。子どものころに歌った「はとぽっぽ」や「どんぐりころころ」くらいしか知りません。唯一、歌えたのが、「荒城の月」でした。高校生のころ、瀧廉太郎《たきれんたろう》が大分県竹田市出身とのことで、音楽の時間に「荒城の月」を歌わされましたので、これだけは歌えたのです。

で、ほかの人が流行《はや》りの歌を歌うなか、私だけ「荒城の月」。もちろん、音も外れますし、声も出ていないので、これはダメだと自分でも思いました。

ところが、審査員として聴いていた作詞家の先生のうちの一人から声をかけられました。ほかの審査員が名の知られた人でしたので、その人もひとかどの人だったと思います。

「今は歌が下手だけど、君の歌には心がある。訓練すれば、演歌の世界でプロになれる。うちに弟子入りしないか」

つまりスカウトされたのです！　しかも演歌歌手として！

少しだけ心が動きました。が、私はクラシック好きで、演歌はむしろ大嫌いです。友人に相談してみましたが、その友人も、「お前が歌手になったところで、どうせ第二のバーブ佐竹なんだから、やめたほうがいいんじゃないか」というので、あっさり断りました（私と同年代以上の人は覚えておられると思いますが、バーブ佐竹というのは、顔はあまりハンサムではないけれど、味のある歌を歌うというので一時期、一部で人気のあった歌手です）。

その後、無事劇団には合格して、しばらく役者修業はしましたが、引っ込み思案の自分には役者は向いていないとわかってやめてしまいました。

ところが、最近、歌いたいという気持ちが高まってきました。六〇年近く音楽を聴くだけだったのですが、少し演奏する側の気持ちも味わいたくなってきました。チェロかヴァイオリンを弾きたいのですが、技術が伴いません。歌ならなんとかなりそうです。

これまで「第九を歌う会」に申し込もうとしたことがあります。六本木男声合唱団に入ろうと思って何度か練習に参加したこともあります。市民合唱団に入って「マタイ受難曲」を歌った友人、シューベルトのミサ曲を歌った友人がいます。うらやましくて仕方がありません。

いつの日か、市民オペラの舞台の片隅で歌うことを夢見ています。

心得 42

聴くだけだった音楽が、歌いたいものへと、
六〇年の時を経て、気持ちが変化。
下手でもいいから、歌ってみたくなりました。

健康の秘訣は、ふつうに歩き、ふつうに食べること

私には健康法というほどのものはありません。が、一つだけ挙げるとすれば、それは「無理をしない」ということにつきます。

まず、私は、無理に仕事をしません。子どものころから、無理をした記憶がありません。試験前の「一夜漬け」というのもしたことがありません。勉強や仕事のための徹夜も一度も経験がありません（遊びのための徹夜なら、何度か経験があります）。無理をするくらいなら、さっさとあきらめることにしています。

「一夜漬けをしたところで、どうせ実力はつかない。だったら、今回はあきらめて、次回から真面目にコツコツ勉強することにしよう」と決心して、そのまま同じことを繰り返す、というのが私の中学、高校時代の生活でした。

それは今も変わりません。無理なことは引き受けませんし、途中で無理だと思ったら、早めに対処します。ほとんどの場合、ほかの人にお願いして手伝ってもらいますし、相手が喜んで引き受けてくれるときには丸投げしてしまいます。

何はともあれ、「辛いな」と思ったら、あきらめることを考えます。そう、私は根性なしです。スポコンものの漫画やドラマは大の苦手です。がんばる精神とは縁がありません。

無理がたたって体を壊し、その積み重ねが健康年齢を下げていく、と私は思っています。ですから、健康を維持するためにも、私は無理をしません。今のところ、サプリも飲んでいませんが、これはそのうち飲むかもしれません。ともかく無理はしません。

健康を維持するためにジョギングなどの特別の努力をしようとする人がいます。しかし、私はそのようなことはしません。特に科学的根拠があるかどうか知りませんが、**私は特別の努力は、健康を害すると信じているのです。**

人間、老化すると長年の体の使いすぎのために関節の骨がすり減って関節痛になるのです。スポーツなどをして使いすぎるのは、むしろ自分から関節のすり減りを早めているにすぎないと思います。機械だってなんだって、酷使するとすぐに壊れます。人間の肉体も同じでしょう。

無理をしない。ふつうに生活する。ふつうに歩き、ふつうに食べる。それが健康でいられる秘訣です。それが健康を守る秘訣です。祖父も両親も、そうやって長生きしていました。私もそれを引き継ぎたいと思います。

ただ、このごろ、一つだけ心がけていることがあります。それは歩く姿勢です。私は子どものころから歩く姿勢がよくないと注意を受けてきました。ちょっと前かがみで、大体ポケットに右手を突っ込んでだらしなく歩きます。が、これまで特に気にかけていませんでした。

しかし、ふと気づいて周囲を見ると、歩き方にその人の老いが現れます。もちろん、老いることによって病を抱え、体が変形するために歩き方が変化するのでしょうが、もしかしたら、逆の面もあるかもしれません。つまり、歩き方がよくないために、体が老化し、病になるという側面もあるように思うのです。

ですから、できるだけきれいに歩くこと、姿勢よく歩くことを心がけるようになりました。気候がよくて、ちょっとした距離なら、車や自転車は使わないで、自分の足で歩く。それだけが今の私の健康法なのです。

心得43

がんばる精神とは無縁に生きてきました。
ふつうに歩いて、ふつうに食べる。
それが、私の健康法です。

自分のしたいこと、信じることをすれば、未来は開ける

偉人の名言を集めた類の書物がたくさん出ています。名言を示し、その解説をする書物です。私にもそのような書物の執筆依頼が、何度かきたことがあります。が、私はお断りしています。

ある一つの名言について、その意味を解説するのはとても難しいと思うのです。ソクラテスは「無知の知」と言いました。デカルトは「われ思う、ゆえにわれあり」と言いました。いずれもソクラテスとデカルトの思想について、かなり正確に知っていなければ不用意にそれを解説することはできないと思うのです。

一〇〇の名言を選んでそれについて解説するとすれば、一〇〇人の偉人について、

それぞれ少なくとも、その偉人たちの著書と研究書を数冊ずつは読み返す必要がありそうです。

そうすると、大変な労力が必要になってしまい、私が生きている間には完成できません。必然的に断らざるを得ないのです。

そんな私ですが、一応は受験小論文の世界の第一人者ということになっていますので、受験生からサインを頼まれたり、座右の銘を書くように依頼されたりすることがあります。そんなときには、「運命の喉首を自分でつかめ」という言葉を書いていました。

これはベートーヴェンの「運命の喉首をつかんでやる」をもじったものです。ベートーヴェンは、若いころから音楽家としては致命的な耳の病に苦しめられました。自殺を考え、遺書をしたためます。それでも過酷な運命に負けず、運命の喉首をつかんで、自分の力で運命をコントロールしようとします。神にも王族にも従属しないで、自分の力で運命を切り開いていこうというベートーヴェンの意志を、この言葉は示しています。

私は受験生に、自分の運命を自分の努力によって変えてほしいと思っていましたので、この言葉を書いていたのでした。

そして、私自身も、人の言いなりにならないで、自分の道を進もうと思い、この言葉を好んでいました。

しかし、七〇歳に近づいた現在、その言葉はちょっと苦しくなってきました。今は、本書の初めに紹介した「すべての道がローマに通じるなら、ドン・キホーテよ、でたらめに行け」という言葉を書きます。

自分で道を切り開こうと、そうでなかろうと、すべての道はローマに通じます。でしたら、何も気負うことはありません。肩の力を抜いて、もっと自由にしてよいのです。もっと気楽に自分のしたいこと、自分の信じることをしたいものです。そうすれば、必然的に未来が開けてきます。私はこの言葉をそのように考えて座右の銘にしているのです。

かつての大学生だった私が心を動かされたように、この言葉によって心を動かされ、自由に生きようと思う人がいてくれたら、こんなうれしいことはないと思うのです。

本書もまた、勝手気ままに書いているうちに、ともあれ最後にたどり着いたようです。これでよしとしましょう。

心得44

何も気負うことはありません。
肩の力を抜いて、もっと自由になりましょう。
しなやかに、気楽に、飄々と……。

樋口裕一（ひぐち・ゆういち）

1951年、大分県日田市生まれ。早稲田大学第一文学部卒業、立教大学大学院博士後期課程満期退学。現在、多摩大学名誉教授。通信添削による作文・小論文専門塾「白藍塾」塾長、東進ハイスクール講師、MJ日本語教育学院学院長。250万部を超すベストセラーになった『頭がいい人、悪い人の話し方』（PHP新書）のほか、『ホンモノの文章力』『音楽で人は輝く』（いずれも集英社新書）など著書多数。また、『読むだけ小論文』シリーズ（学研）や『小論文これだけ!』シリーズ（東洋経済新報社）などの小論文参考書も100冊を超える。

イヤなことはしない!

しなやかに、気楽に、飄々《ひょうひょう》と

2020年1月29日　初版第1刷発行

著者　樋口裕一

発行者　松原淑子
発行所　清流出版株式会社
〒101-0051　東京都千代田区神田神保町3-7-1
電話　03-3288-5405
http://www.seiryupub.co.jp/

印刷・製本　図書印刷株式会社

乱丁・落丁本はお取替えします。
ISBN 978-4-86029-492-2

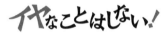